全国教育科学"十四五"规划教育部重点课题
五育融合视野下拔尖创新人才早期培养路径的实践与研究(DHA220500)

PBL"中国心系列课程"的建构与实施

上海青浦区世外学校课程实践

主 编 沈建英
副主编 钱婧倩 朱程炜 杨梦雅

上海科学技术出版社

图书在版编目（CIP）数据

PBL"中国心系列课程"的建构与实施：上海青浦区世外学校课程实践 / 沈建英主编. -- 上海：上海科学技术出版社，2023.12
ISBN 978-7-5478-6467-8

Ⅰ．①P… Ⅱ．①沈… Ⅲ．①课程－教案（教育）－小学 Ⅳ．①G622.3

中国国家版本馆CIP数据核字（2023）第240108号

PBL"中国心系列课程"的建构与实施
上海青浦区世外学校课程实践
主　编　沈建英
副主编　钱婧倩　朱程炜　杨梦雅

上海世纪出版（集团）有限公司
上海科学技术出版社　出版、发行
（上海市闵行区号景路159弄A座9F-10F）
邮政编码 201101　　www.sstp.cn
常熟市华顺印刷有限公司印刷
开本 787×1092　1/16　印张 10.5
字数 200 千字
2023 年 12 月第 1 版　2023 年 12 月第 1 次印刷
ISBN 978-7-5478-6467-8/G·1197
定价：58.00 元

本书如有缺页、错装或坏损等严重质量问题，请向印刷厂联系调换

编委会名单

主 编
沈建英

副主编
钱婧倩　朱程炜　杨梦雅

编 委
陈　明　奚姗姗　李　瑞　孙娟娟
张佳怡　盛玮莉　朱培丽　付琳超
徐志伟　朱炜祎　郑敏燕　刘　俐
俞　帆

美 编
姚雨辰

序言 PERFACE

用"中国心系列课程"建构学校高品质发展新样态

党的二十大报告中指出：我们要办好人民满意的教育，全面贯彻党的教育方针，落实立德树人根本任务，培养德智体美劳全面发展的社会主义建设者和接班人，加快建设高质量教育体系，发展素质教育，促进教育公平。基础教育是国民教育体系的根基，决定了人才培养的底色。我们作为基础教育工作者，在回答习近平总书记"为谁培养人、培养什么人、怎样培养人"这一世纪之问时，如何提升学生的核心素养始终是一个绕不开的话题。

上海青浦区世外学校创建于2016年，经过7年的发展，学校走出了一条"理念引领、顶层设计、资源配置、自主发展"为特色的创新之路。学校在"联结世界，追梦未来"的办学理念下，以"桃李满天下，气象耀方圆"为办学目标，以"中国心、世界眼、未来脑、创新手、时代行"为育人目标，已初步形成了契合新时代要求的教育教学新样态。

办学伊始，学校就以"中国心"培养为使命，创建了一套兼具实效性、影响力和上海青浦区世外特色的PBL*"中国心系列课程"体系，培养学生"胸怀中国

---

* PBL 是 Project based learning 的简称，即基于项目的学习。

心"的正确价值观,让每一位学生浸润其中。《PBL"中国心系列课程"的建构与实施》一书是青浦世外教师团队的多年智慧结晶,书中详细呈现了"中国心"特色课程的整体架构与实施进程。

从整体到局部,学校秉承"活动课程化,课程活动化"的理念,结合学校培养目标,解读各学科标准从而制定学生在各年段的学科素养指标,制作学生跨学科素养模型。各学科组联合制定具有时代研究价值的主题,在主题下挖掘学科内涵,从而确定课程框架。

从体系看逻辑,对学校工作与特色活动进行全局把握、提炼整合,统筹构建了《PBL"中国心系列课程"的建构与实施》课程框架。在纵向的年段发展上注重阶段素养目标的达成与突破,在横向的各年级课程内容上注重文理结合与阶段的贯通性。我们从书中提供的案例,能够感受其设计的序列化和系统性。

从设计到行动,从学生的需求出发,从问题入手,确定项目主题,设计活动任务,学生自主交流、自主评价。《PBL"中国心系列课程"的建构与实施》注重各学科的关联,形成课程的综合性,引导、激发学生调用各领域的知识与技能解决当下的问题,在"做中学""用中学""创中学"。我以为,这样的学习方式,正是孩子们喜欢的、热衷的、愿意全身心地投入的。

"如何开展跨学科的合作教研与教学实践"是新时代教育给予每一所学校的挑战。青浦世外学校深刻领会学生发展的核心要素,精准把握跨学科学习的实质,以项目化为抓手,在学校党支部书记、常务副校长沈建英老师的带领下,七年如一日的思考、实践、探索、反思和提炼,终于完成了《PBL"中国心系列课程"的建构与实施》一书。书中处处彰显以生为本,诠释真实、深刻的学习中发生的教育思想。

《PBL"中国心系列课程"的建构与实施》是学校课程建设的一种新思考,它既符合国家新方案提出的育人目标,又在遵循国家教材的基础上打造了与国家课程建设基本原则一一对应的系列课程,过程中形成了可见性的成果,提高了课程内容的迭代与拓展的可能性。

《PBL"中国心系列课程"的建构与实施》让我们看到了一种崭新的教、学、研共同体的诞生。各学科教师与项目式学习团队拧成了一股绳,共同研究教材、共同设计项目、共同展开师训、共同开展实践,在一次次的研磨与尝试中完成了课程的建构,更是在潜移默化中形成了一个新的教研模式,这对于今后的课程完善与拓展是非常有利的。

《PBL"中国心系列课程"的建构与实施》一书是学校课题研究的成果之一。学校先后申报立项青浦区重大课题"五育融合视野下民办小学课堂教学育人方式变革的实践研究"与全国教育科学"十四五"规划 2022 年度教育部重点课题"五育融合视野下拔尖创新人才早期培养路径的实践与研究",通过课题研究引领项目化学习。

"胸怀中国心,传承中创新"是学校对"中国心"育人目标诠释与实践的体现。学校通过德育活动切入、课程体系深化、学习方式变革,为学生成长注入内驱力,打造多元通道,提高效能,带领学生主动学习、主动探索,最终成长为具有"中国心、世界眼"的少年英才。

如今,特色鲜明的青浦世外"中国心"课程体系育人功能日益完善。未来希望学校能继续主动发展寻求突破,以笃行不怠的作风赋能积力,聚力构建基础教育高品质发展新样态,努力为世外教育品牌作出新的探索与贡献。

徐俭

2023 年 9 月

目录 CONTENTS

第一章 "中国心系列课程"的起源 ·· 1
    第一节 "中国心系列课程"的背景 ·· 2
    第二节 "中国心系列课程"的理念 ·· 4

第二章 "中国心系列课程"的建构 ·· 7
    第一节 "中国心系列课程"的体系 ·· 7
    第二节 "中国心系列课程"的实施 ······································· 10
    第三节 "中国心系列课程"的成效评估 ··································· 13

第三章 "中国心系列课程"项目案例——语文篇 ····························· 15
    案例1 再遇"仓颉" ··· 16
    案例2 创新"青外菜系" ··· 25
    案例3 中国古代能工巧匠展览 ··· 32
    案例4 英雄人物时间轴 ··· 40
    案例5 大"话"西游 ··· 47

第四章 "中国心系列课程"项目案例——数学篇 ····························· 55
    案例1 人民币的前世今生 ··· 57

案例 2　掂轻不怕重 ·· 68
案例 3　中国古代计算工具 ···································· 76
案例 4　规"直"矩"正" ···································· 84
案例 5　趣读《九章算术》 ···································· 91

第五章　"中国心系列课程"项目案例——科学篇 ·········· 99
案例 1　定制一个端午香袋 ·································· 101
案例 2　室内蔬菜种植指导手册 ······························ 110

第六章　"中国心系列课程"项目案例——艺术篇 ········· 119
案例 1　聆听华夏之音 ······································ 121
案例 2　戏剧创作——演绎成语的世界 ························ 129
案例 3　中国年画 ·· 136

第七章　"中国心系列课程"项目案例——体育篇 ········· 145
案例　弄堂游戏 ·· 147

参考文献 ·· 155

后记 ·· 156

第一章 "中国心系列课程"的起源

上海青浦区世外学校（以下简称青浦世外）是均瑶集团旗下上海世外教育集团直属校，致力于传播教育，让更多的孩子享受公平、高质量的教育，成为有理想、有本领、有担当，德智体美劳全面发展的社会主义建设者和接班人。当下学校占地面积约60亩*，以现代化教学设备营造智能化的学习氛围，拥有与课程高度契合、充分实现教学互动的优质教学环境，如科技与创新中心包含STEM+科学实验室、计算机中心、机器人研究室、DT Center、云厨房等；艺术中心包含乐立方、达尔克罗兹工作坊、Drama中心、"青娃"电视台、国学中心等；体育中心包含功夫天地、游泳中心、高尔夫训练场、冰球场等。

自2016年建校起，基于"联结世界，追梦未来"的办学理念，"桃李满盛世，气象耀方圆"的办学目标，青浦世外志在培育符合国家育人目标的具有"中国心、世界眼、未来脑、创新手、时代行"的新时代追梦人。围绕办学理念、办学目标、育人目标，学校吸纳了一批又一批志同道合的青年教师，大家身怀专业、心怀梦想共同展开教学实践，创建具有时代特征的高成效课堂。2021年，学校申立青浦区重大课题《五育融合视野下民办小学课堂教学育人方式变革的实践研究》；2022年学校又申立全国教育科学"十四五"规划2022年度教育部重点课题《五育融合视野下拔尖创新人才早期培养路径的实践与研究》。在对课堂教

---

* 1亩=666.67米^2。

学方式的研究中,逐渐意识到课程建设的系统化对于学生核心素养培育的重要性。

2022年4月,国家教育部颁布《义务教育课程方案》(2022年版)与"新义务教育各学科课程标准",在对新方案与新课标的仔细研读与学习中我们发现其中对于培养爱国主义精神、弘扬中华优秀传统的高度重视。为此,基于国家课程标准,探寻有效育人方式,打造能够形成育人目标的同时帮助学生树立正确价值观的课程,成为学校研究的重点。在此过程中,围绕"中国心"这个主题,在基于国家教材与课标的基础上,以项目式学习方式打造"中国心系列课程"。

第一节 "中国心系列课程"的背景

《义务教育课程方案》(2022年版)的首页中前言部分便指出,课程教材要发挥培根铸魂、启智增慧的作用,体现中国和中华民族风格,体现党和国家对教育的基本要求,体现国家和民族基本价值观,体现人类文化知识积累和创新成果。"中国心"是青浦世外首要育人目标,意在所有的青外学子需怀有一颗诚挚的爱国、以祖国为自豪的心,并为此而努力成为全面发展的社会主义建设者和接班人。"中国心系列课程"则是在国家课程方案与标准的指引下,围绕育人目标打造而成的有序列课程。

一、"中国心系列课程"的建设思考

学校志在打造"中国心系列课程"主要源于这些思考:

1. 如何让学生主动地对学科教材中的中华优秀传统文化产生探索的愿望

当各教研组翻开学科教材时,发现里面内含了许多与中华优秀传统文化相关的教材内容,如一年级数学教材中对人民币的认识、二年级语文教材中对中国八大菜系传统美食的认识、五年级数学教材中对九章算术的认识等等,几乎每一年级与学科都分布着相关的内容。依据以往的教学经验,学生在学习中总以学习知识与技能为主,对这些传统文化的探索兴趣不强,如何让他们在学习中主动去探索传统文化是教研组需要研究的方向之一。

2. 如何让学生在传承中形成面向未来的核心素养

新义务教育课程方案中着重强调了对学生核心素养的培育,实则意在学科学习中培育学生面对未来世界的素养,从而具备解决问题的能力。"传承"在其中起到了至关重要的作用,学校希望学生能够在博古中通今,又能在通今中面向未来,这亦是"传承"二字的意义。所以,如何让学生在传承中形成核心素养也成为教研组的议题。

3. 如何让学生获得连续性的学习与成长

当下基于"主题"的学习琳琅满目,如"传统节日""环境保护""能源再利用"等,学生总能被其中的活动吸引而展开学习,这是一个积极的现象。但是,不连续的主题活动使得学生学习与成长的发展性不强,这也是儿童认知发展理论中需要被重视的。作为教育者,如何建设序列化的课程使学生获得连续性的学习和成长是一个新的挑战。

二、"中国心系列课程"的建设价值

学校基于以上的思考,以"中国心系列课程"的建设与实践为基点,培育学生的核心素养,带动教师的教学研究,促进学校课程体系的完善,主要体现以下价值:

1. 培育学生核心素养

"中国心系列课程"通过选择各学科教材中与中华优秀传统文化相关的教学内容,以项目式的学习方式,设计学习情境,以驱动问题带动学生主动探索,在自主地合作、调查、实践、思考、创建等过程中形成学科素养与通用素养,在传承中获得面对问题、创造性解决问题的能力,并树立正确的价值观。

2. 提升教师业务水平

项目式学习是基于本质问题，设计问题情境，再以驱动问题为引领，让学生在实践中获得学习经历并取得可见成果，形成创造性解决问题等能力的教学方式。学校运用该教学方式于主题式学习，发现其对于学生素养培育的高效性，便以此方式对选中的用于"中国心系列课程"的教学内容进行教学设计。这对于教师们具有极大的挑战，但也正因为这些挑战，学校希望所有教师获得翻转课堂的能力，提升自身业务水平，从而进一步帮助学生成长。

3. 完善学校课程体系

新义务教育课程方案指出课程需要遵循"坚持全面发展，育人为本""面向全体学生，因材施教""聚焦核心素养，面向未来""加强课程综合，注重关系""变革育人方式，突出实践"的基本原则。在国家课程校本化落地的过程中，以上原则亦是学校建设并完善学校课程体系的引领，"中国心系列课程"的建设基于标准、注重序列，是学校课程体系完善的重要研究，也为学校整体课程的发展开辟新的思路。

第二节 "中国心系列课程"的理念

"中国心系列课程"的建设出发点是学校的办学理念与育人目标，在新义务教育课程方案的指向下，学校更是先对自身的理念进行梳理与解读，使课程建设的导向更为清晰，从而实现课程育人的成效。

一、青浦世外的办学理念

2016年上海青浦区世外学校开办，自开办起便以"联结世界，追梦未来"为办学理念。

"世界"是指全球胜任力。每一个人都存在于世界一隅，从对当下的认识到对周围世界的理解与欣赏,形成对全球文化的理解与互融,以自身的角度出发为全球的发展起到积极的作用,这便是学校希望学生所拥有的能力与状态。

"联结"是指理解与传承。世界文化多元、资源丰富,在学校一方天地中引入世界的资源,随后以资源培养学生相应的能力,从而再融入世界,让世界变得更美好。

"未来"是指未知与创新。时代革新迅速,各行各业日夜换新,自然、环境、人类生活等各领域的元素都会不断变化,在变化中又会形成挑战。面对这些未知并以创新的能力去应对与解决,是学生需要储蓄的力量。

"追梦"是指勇气与信念。胸怀理想、有梦可追、坚持不懈、不畏艰难,成为让世界变得更美好的独一无二的贡献者,是尊重学生个性化发展的具体表现,亦是在他们成长道路上的信念支持。

"联结世界,追梦未来"的办学理念,体现了学校工作所能达到的一种成效与状态,所有学生都能够心有梦想、诚挚追逐,在对文化的理解与传承中形成全球胜任力,为世界的美好贡献独特的力量。

二、青浦世外的育人目标

基于学校的办学理念,学校建立了"桃李满盛世,气象耀方圆"的办学目标,意为学校莘莘、学子欣欣向荣,每一个学生都能获得个性化成长,继承优秀中华传统文化,以自身的力量进行弘扬,在世界中引领创新、包容万象,为中国与世界的发展做出贡献。

在此办学目标下,学校细化了育人目标,以"中国心、世界眼、未来脑、创新手、时代行"的15字呈现。

(1) 中国心:学习、理解、传承弘扬社会主义先进文化、革命文化和中华优秀传统文化;践行社会主义核心价值观,以国家富强、民族复兴、人民幸福为奋斗的梦想,并为此做出自身独有的贡献。

(2) 世界眼:理解世界各国的文化特征,欣赏世界的同与不同,拥有探索世界的精神以及全面看待问题的视野。

(3) 未来脑:以发展的视角看待万事万物,以审辨的思维方式分析世界的问题,寻求多元的解决方式,具备面对未来与未知的能力与勇气。

（4）创新手：熟悉当下的知识与技能,依据问题的具体分析进行融合性地创造,以制定适合的方案、新制工具等方式解决问题。

（5）时代行：关注时代的发展与变化,主动探索并融入时代的步伐,为中国与世界的进步贡献独具一格的力量。

三、"中国心系列课程"的课程理念

在"联结世界,追梦未来"的办学理念,"桃李满盛世,气象耀方圆"的办学目标,以及"中国心、世界眼、未来脑、创新手、时代行"的育人目标下,学校提出了"胸怀中国心,在传承中创新"的课程理念。学习经典、理解传承文化的意义在于对优秀经验的厚积下,创造对当下、对未来有帮助的新的意义。基于这个理解,学校将"中国心系列课程"的课程理念剖析得更为全面。

（1）文化需在体验中理解。美国社会心理学家、教育家大卫·库伯在其著作《体验学习：体验学习发展的源泉》中提出体验式学习对学习的重要性。当学生对中华传统文化进行具体的体验,产生体验性的反思,形成具体的经历,再次地换场景体验……如此循环之下,形成一个拥有具体实践又有学习迁移的过程,学生在过程中不断自动地反思与调整,从而对文化形成根深蒂固的理解。

（2）认知需在创新中进步。对于传统文化的认识,学生在体验式的学习中理解它们存在的意义与价值,同时需要抓住文化的价值与本质,以及它们对社会的意义与作用,并以此为契机将其放在当下环境进行适度地创新,因为在创新时,学生最能够调动认知并将认知进行重构,从而达到更深层次的理解,例如当学生运用造字的原理进行造字,他们则对这一方面的内容有不同的理解。

（3）学生需在传承中成长。中华文明源远流长,作为一个文明古国,留下瑰宝无数、奇迹无数,科技发展中的能工巨匠无数,历史发展中的英雄人物与品格无数。在对这些优秀文化的传承中,学生更能理解所生所长的这块土地的宏伟,从而成长为有理想、有本领、有担当,全面发展的社会主义建设者与接班人。

第二章 "中国心系列课程"的建构

泰勒在其《课程与教学的基本原理》一书中提出,一个课程开发的完整体系包含确定教育目标、选择学习经验、组织学习经验和评估学习结果。这与学校当下在国家课程校本化实施的实践模式相同,学校依据国家的课程方案结合学校办学理念与目标制定了相应的课程实施方案。

"中国心系列课程"的开发,是学校课程实践的重要部分,既体现了教师对各学科教材的深度理解与重构,也体现了对当下培育学生核心素养的深层次研究。课程从目标、内容、实施、评估进行完整的设计,并在反馈中看到学生、教师、学校3个层面获得的成效与收获,为学校未来课程的完善与建设获取了宝贵经验。

第一节 "中国心系列课程"的体系

"中国心系列课程"围绕语文、数学、科学、艺术、体育学科中与中华传统文化相关的教材内容,基于新义务教育课程标准与上海市各学科基本要求,通过项目式的方式进行设计,意在让学生在真实的体验与探索中,感受中华文明的博大,悟出中华文化的精深,并在创造中解决问题的过程中,形成相应的核心素养,厚植爱国主义精神。

一、"中国心系列课程"的目标设计

1. "中国心系列课程"的建设总目标

通过挖掘语文、数学、自然(科学)、艺术、体育等各学科教学内容中与中华传统文化相关的内容,进行项目式设计形成系列化的课程框架,提升传统文化学习的系统性。

通过项目式的学习方式,促进学生主动展开对中华传统文化的深度体验与探索,培养核心素养的同时,自主地形成民族自豪感,树立正确的价值观。

通过学科项目的设计与综合模式的实践,增强各学科教师的跨学科研究能力与实践能力,提高教师的课程实践能力与教研合作力。

2. "中国心系列课程"的分年段目标

基于以上总目标,在建设"中国心系列课程"时,先根据新义务教育学科课程标准,建立以学科为基础的分年段目标(表1),表中各学科对应的分年段目标,完全依据课程标准进行相应的划分。

表1 各学科分年段目标

学科	一年级	二年级	三年级	四年级	五年级
语文	能借助拼音,认读汉字,诵读儿歌、古诗,感受中国语言的优美;掌握汉字基本笔画和常用偏旁部首,感受汉字的形体美。认同和热爱中华优秀文化,对中国的语言文字有自豪感		对学习汉字有浓厚的兴趣,养成主动识字的习惯;用普通话正确、流利、有感情地朗读课文;在阅读中初步认识中华优秀传统文化蕴含的思想感情;感悟革命英雄、模范人物的爱国主义情怀和高尚品质,培养对党和祖国的朴素情感		热爱汉字,感受汉字的构字和组词的特点,体会汉字蕴含的智慧;阅读整本书,把握文本主要内容;了解中华文化的源远流长,提升自身中华优秀传统文化修养;感受先贤志士的人格魅力,感悟老一辈革命家的英雄气概、高尚品质,体会捍卫民族尊严,维护国家利益的世界和平的伟大精神

续表

学科	一年级	二年级	三年级	四年级	五年级
数学	了解时间的意义,懂得遵守时间。了解货币的形成,具有勤俭节约的意识,形成初步的金融素养		了解中国古代数学工具,探索它们对中国发展的作用,会运用数描述生活情境中事物的特征,逐步形成数感、运算能力和初步的推理意识		了解中国数学家的杰出贡献,传播数学中的中华优秀传统文化
自然/科学	了解一些科技发明,感受祖国科技的强大		了解我国从古至今的主要发明成就,感受祖国科学家持之以恒、实事求是的精神		形成为祖国富强而投身科学探索的意识,主动在科技领域实践并进行有意义的创造
音乐	在欣赏、演唱、表演、创造中体验并感知中国传统音乐文化,产生热爱祖国、热爱民族文化的意识		学习积累中国传统音乐文化,了解和热爱中国传统文化,树立民族文化自信		
美术	观赏祖国山水、树木、动物等,制作中国传统手工艺术,知道其来自中国民间		欣赏中国民间美术作品,了解其材料、用途与制作技巧,习得毛笔与宣纸的用途与技巧,体会传统技艺中的工匠精神		
体育	了解中国体育精神,感受中国运动员坚持不懈、勇往直前的精神		了解中国体育的运动项目、申奥历程等,感受祖国正在不断蓬勃发展		理解体育运动精神,并能主动参与并体会到体育运动带来的拼搏与坚持

二、"中国心系列课程"的框架设计

"中国心系列课程"在框架内容上主要选取教材中与中华传统文化相关的内容,在众多的内容中,结合对学生的访谈,了解学生的喜好或者与他们生活、学习相关并感兴趣的研究点,最终选择相应的内容展开项目式学习的设计。经过研究,依据学科的特征建立了一至五年级的学习内容。

如表2所示,"中国心系列课程"共有"古今数学、红色追梦、华夏科技、中华健儿、传统艺术"5个主题,共设计17个项目。在设计时,遵循弘扬优秀传统文化、素养导向、真实体验与探索的原则,形成序列化的学习内容。

表 2　课程内容框架

	古今数学	红色追梦人	华夏科技	中华健儿	传统艺术
一年级	人民币的前世今生	再遇"仓颉"	定制一个端午香袋；室内蔬菜种植指导手册	弄堂游戏（依据体能分层设计）	聆听华夏之音
二年级	掂轻不怕重	创新"青外菜系"			中国年画
三年级	中国古代计算工具	中国古代能工巧匠展览			演绎成语的世界
四年级	规"直"矩"正"	英雄人物时间轴			中国年画
五年级	趣读《九章算术》	大"话"西游			

第二节　"中国心系列课程"的实施

"中国心系列课程"在设计与实践中涉及学科教师与跨学科教学的因素，为此课程在设计之初的教研模式和执教方式都需要精细地思考，才能保证学科重要内容的真实落地又能够培养学生的核心素养。在此间，学校摸索出 1＋X 的课程实施模式与素养导向的课程实施策略。

一、1＋X 的课程实施模式

青浦世外自 2016 年建校起就以"4＋1"的课程架构建设学校课程，也就是每周 4 天的学科教学与每周 1 天围绕主题的探究式教学，在这 1 天中，全校学生连续 6 节课由 1 个老师包班展开学习，这个课程模式源自上海市世外小学张悦颖校长的研究。在"4＋1"的模式中，学校发现学生特别喜爱每周一的"主题式学习",因为每个年级的学生都能够在"自我认识、自我组织、自我表达、身边科学、技术工程、地球空间"的主题下,展开依据年段内容所设计的不同内容的探索。学校也发现,学生在每周一连续 6 节课的持续探索中,形成了合作、沟通、思辨、创新等方面的素养,同时也获得了家长的好评。

随着对学科核心素养的日益重视,在五育并举的方针下变革课堂教学成为学校的新挑战。在教学研究中,学校认为当下各校都在践行的项目式学习是能够让学生主动学习,形成核心素养的一种有效学习方式,并且学校在将项目式学习迭代主题式课堂的教学方式中看到了更高的成效。

于是,"中国心系列课程"的实践模式便是:

(1) 各学科组选择教学内容制定框架并进行项目式学习的设计;

(2) 学校项目式学习研发核心小组与学科组共同研讨项目,制定项目方案、教学设计、教学资源;

(3) 培训所有周一跨学科授课教师关于课程的内容与执教细节;

(4) 开展课程实践并进行每周的例会反馈。

这便成了以某"1"个学科教研组为主导,其他"X"个研究组(包括项目式学习研发核心小组、各年级跨学科课程实施小组等)共同参与研究、实践、反馈、复盘的"1+X"课程实施模式。

"1+X"课程实施模式给予"中国心系列课程"的学科项目真正落地的土地,解决了学科教学课时中难以进行长时间的持续探索与研讨、跨学科教师对于专业知识了解不深透等各种问题,保障了课程的有效推行。

二、素养导向的课程实施策略

在保证了课程能够有效推行的前提下,"1+X"课程小组也在教学实践的过程中注重素养导向,抓住项目式学习的优质特征,进行有策略的实施。

1. "驱动"问题

驱动问题是项目式学习的特征之一,它的作用在于"驱动"二字,意在这个"问题"提出后学生能够主动地、热烈地、充满期待地持续探索。要达成"驱动"

的效果,教研组还设置了"驱动"三部曲:

(1) 情境驱动,学生先进入一个与他们关联度很高的情境,产生发现问题的动力;

(2) 体验驱动,学生在情境中体验一些相关的活动,感受到自身想做些什么的动力;

(3) 问题驱动,学生在深入了解到底要做些什么的过程中,产生解决问题、主动学习的动力。

如在《再遇"仓颉"》(第三章 案例1)中,学生在跨时代的背景下走进古代人民造字的现场,在记字与画鸟中体验文字的作用与形成,最后发现"造字"的意义与乐趣,从而产生学习的内在动力。在这样的驱动问题中,学生才有被"驱动"的作用,之后的学习也会事半功倍。

2. "自主"知识与技能建构

项目的主体学习在于学生自主对知识与技能的建构,从而用于解决驱动问题,其中对于"自主",教研组有多方面的理解。

首先,自主并非完全自由。学生在学习中需要有学习的方向与方式,以及判断是否学习到有效内容的评估,这些都在小学阶段的学生认知能力之外,所以教师不能以"自主"为由而"任其发展"。为此,计划表、任务单、评估的协助等这些支架尤为重要。

其次,自主在于参与的比例。学生与教师在每一次学习中的角色与参与的比例才是体现学生"自主"的重要现象,在项目式学习的课堂中,学生与教师的角色关系可以是学者向专业人士请教的关系,可以是两方都不明白的人相互共同学习的关系,可以是双方都不明理的情况下向外界求助的关系等,但教师比重过高呈现教师权威式的关系不可取,也是成效最低的。

以上两者都可以在第三章至第七章的项目案例中感受到教师们在项目实践中的策略与智慧。

3. "回忆"本质性复盘

项目式学习没有终点,每一个项目都是由一个本质性的问题开始,冠以驱动问题,驱动学生后而开始。学生在完成项目后,需要回忆整个项目的经历,进行深入的思考,在复盘整个过程中回归到问题的本质,上升到更高的思维程度,从而达到迁移的水准。

第三节 "中国心系列课程"的成效评估

"中国心系列课程"的成效评估主要从3个方面进行思考,分别是学生的学习成效、教师的成长成效和学校的发展成效。

一、学生的学习成效

课程是以项目式学习的方式进行,全程评价是项目式学习的特征,为此对于学生的评估主要是以项目评估为主。

项目评估采取的评价主体主要是学生自身、小组成员与执教教师,项目评估的标准由学生依据每个项目的问题与任务目标自行建立,除此之外还有学习中关于合作、沟通、倾听等方面的"公约"作为长期的评价标准。

借助学校的评价APP,依据基于评价标准的反馈,学生在学科素养方面都能够有所提升,最为关键的是,他们认识并深入了解了中华优秀传统文化。例如他们能够运用造字的原理进行创字,他们能够在特殊时期完成如"居家果蔬种植"的任务承担社会责任,他们能够在玩乐中体验并创造"弄堂游戏"探寻炎黄子孙从古至今的体育精神等。具体可以从第三章至第七章的具体案例中发现,这些都见证了"中国心系列课程"在学生培养目标上的达成。

二、教师的成长成效

在前一节关于"1+X"的课程实践模式中,描述了一个从课程的开发到实施的较有成效的模式,这个模式是"中国心系列课程"在研发中的一个成果,而它诞生的过程则是教师成长的过程。

"中国心系列课程"主打学科本位的项目式学习,学科教师的主体性不容置疑,他们对新课标的研究、对教材的二次处理、对项目式学习的探索大大提升了他们对教学设计的理解。

同样,从单学科的教研走向跨学科的教研更是勇敢地迈开了新的步伐,学科与学科之间相互沟通,在专业上他们互相学习,在教学上他们互相借鉴,形成一个共通的良性循环,为之后的课程建设打好了扎实的教研基础。

三、学校发展的成效

"中国心系列课程"在建设与实践的过程中,基于各学科的核心素养,以教材内容为本质,设计具备综合性的项目式学习,融入跨学科的理念,进行课程规划,从目标、内容、实施到评估非常完整地呈现课程的价值,并且在一至五年级形成序列,是对课程完善的最好体现。

此外,在这个过程中每一个项目都以案例的形式加以呈现,在案例中描述了教师对项目的思考以及学生在学习中的有趣经历,给予未来的教学非常有效的借鉴,这些案例亦是宝贵的成果。

第三章 "中国心系列课程"项目案例
——语文篇

"瑰宝神奇观往事,神州厚脉涌深源"(《咏甲骨文》)。当人类先辈用树枝、石块在龟甲、墙壁等地方留下文明的痕迹,便创造了华夏大地源远流长的文明历史,在这条历史的长河中,文字记载了人类的发展、承载着文化的脉脉相传。

中国人注重对语言文字的研究与学习,从"国文课"至"语文课程"无不体现对语言文字研究、学习、传播等重视。发展至今,语文课程成为学习国家通用语言文字运用的综合与实践性课程,具有工具性与人文性的统一。让学生热爱语言文字,学会运用语言文字,发展思维能力,培养审美情趣,弘扬中华优秀文化,全面提升核心素养是语文课程的目标。

在星罗棋布的教学内容中,与中华优秀文化相关的内容数不胜数。"仓颉造字""中国八大菜系""中国古代能工巧匠""中国英雄人物""中国名著"分别从文明的起源、民以食为天、华夏科技的发展、史上英雄精神、文学的积淀等方面勾勒出中华优秀文化的样貌。

当学生"再遇仓颉"共创文字,是否会探寻到古人的秘密? 当学生身披厨神的衣裳制作八大菜系,是否会领悟中国美食的精华? 当学生解谜鲁班锁,是否会明白中国巨匠的智慧? 当学生大喊黄继光、雨来等名字体会所情所景,是否会感受中国英雄的精神? 当学生走进名著同"话"人物与故事时,是否会体会到中华名著的精髓?

在一次次的探寻中,他们一定会投入其间,感悟语言文字带来的奇妙世界。

案例 1
再遇"仓颉"

上海青浦区世外学校　张佳怡

一、项目背景

2021年8月,随着《关于进一步减轻义务教育阶段学生作业负担和校外培训负担的意见》等文件的颁布,"如何为学生减负增效"开始成为教育界一大核心议题。语文作为各学科的基础,其重要性与日俱增。与此同时,2022年1月,上海世外教育集团为丰富学校课程内容,提升学生核心素养,举办第二届"红色追梦人"主题阅读文化节活动。"如何整合课内课外资源、激发学生的阅读热情、树立文化自信"青浦世外语文组开展了一次居家语文学习探索之旅。

2022年4月,国家教育部颁布新义务教育语文课程方案,着重强调义务教育阶段,语文课程应当围绕立德树人根本任务,充分发挥其育人功能和奠基作用,以促进学生核心素养发展为目的,增强课程实施的情境性和实践性,促进学习方式的变革,激发学生的好奇心、想象力、求知欲,促进学生自主、合作、探究学习,帮助学生认识中华文化的丰厚博大,建立文化自信,激发对国家通用语言文字的热爱。

基于新方案与新课程标准,语文教研组围绕青浦世外"中国心、世界眼、未来脑、创新手、时代行"的15字目标,制定了相应的学科目标。在"中国心"这一维度中,着重指明1～2年级学生需掌握汉字基本笔画和常用偏旁部首,从而感受汉字的形体美，认同和热爱中华优秀文化，对中国的语言文字有自豪感。因此，围绕"汉字"主题，语文教师将新方案与新课标理念融入本次项目设计之中。

在一年级语文教材中，"识字"是十分重要的一个部分，教材中有专门的识字单元，帮助学生集中认识常用笔画、偏旁，了解、掌握汉字的基本构字规律，这也与本次研究的主题紧密相关。

基于以上，本项目以"如何以所学的象形、指事、会意、形声4种造字方式分析、归纳已学的汉字，绘制它们的演化过程，形成一张汉字族谱？"为驱动问题，帮助所有的青浦世外人了解中华汉字的深远奥义。最终，以年级为单位在阅读节"红色追梦人"展区布置"汉字族谱"，并以公众号的形式展示。

二、项目设计

（一）对应课程内容和标准

1. 课程内容

再遇"仓颉"在语文学科方面主要参考部编版语文教材中"小青蛙""动物儿歌"2课时的内容。

2. 课程标准

依据涉及的课程内容，在设计项目时仔细研读了课程标准，从而使该项目式学习内容的设计能够促进学生的语文素养的发展。

《义务教育科学课程标准》（2022年版）与项目相关的内容要求是：喜欢学习汉字，有主动识字、写字的愿望；掌握汉字的常用偏旁部首，初步感受汉字的形体美。

《上海市小学语文学科教学基本要求》对本项目的基本要求是：

（1）认识常用笔画、部首和汉字的结构；

（2）了解象形、指事、会意、形声4种造字法；

（3）能够独立分析字形，识记汉字。

（二）问题和任务框架

本项目的问题与任务框架从本质问题、驱动问题、核心任务与问题链展开剖析后，依据问题链设计相应的任务群(图1、表1)。

1. 本质问题

本项目以神话人物仓颉探寻造字方法为整体背景，涉及汉字构造相关知识，锻炼学生分析、归纳和表达的能力。作为一个学科项目，确定本质问题为：汉字是怎样产生与演变的？

2. 驱动问题

如何以所学的象形、指事、会意、形声4种造字方式分析、归纳已学的汉字，绘制它们的演化过程，形成一张汉字族谱？

3. 核心任务

绘制汉字的演化过程，形成一张汉字族谱。

4. 问题链

为完成核心任务，解决驱动问题与本质问题，本项目设计以下子问题：

（1）象形字是如何演变的？
（2）指事字是如何演变的？
（3）会意字是如何产生的？
（4）形声字有什么构字规律？

5. 任务群

依据项目的问题链设计，以核心任务为中心，设计任务群。本项目共分为启动项目提出问题、知识能力建构、公开成果、完善反思4个任务环节。

第三章 "中国心系列课程"项目案例——语文篇

本质问题	汉字是怎样产生与演变的?
驱动问题	"如何以所学的象形、指事、会意、形声4种造字方式分析、归纳已学的汉字,绘制它们的演化过程,形成一张汉字族谱?"
问题链	子问题1:象形字是如何演变的? ▶象形字有什么特点? ▶象形字的演变有什么特点? ▶象形字有什么局限?	子问题2:指事字是如何演变的? ▶思考"上、下"是用什么方式表达字义的? ▶指事字有什么特点? ▶指事字有什么局限?	子问题3:会意字是如何产生的? ▶与象形字和指事字相比,会意字有什么特点? ▶你能结合所学知识,使用会意法创造新字吗?	子问题4:形声字有什么构字规律? ▶形声字由哪些部分组成? ▶形声造字法有什么优点?
	子问题5:如何绘制汉字的演化过程,形成一张汉字族谱?

图 1 项目问题链

表 1 项目任务群

再遇"仓颉"			
核心任务:绘制汉字的演化过程,形成一张汉字族谱			
任务1:提出问题	任务2:知识能力建构	任务3:公开成果	任务4:完善反思
活动1:发现听写小技巧 活动2:分组游戏听记比赛 活动3:体验人类造字的历史 活动4:绘制"鸟"字——感受象形造字 活动5:明确项目任务(分析驱动问题,理解核心任务)	活动1:绘制象形字的演变过程 活动2:绘制指事字的演变过程 活动3:使用会意法造新字 活动4:探究形声字构字规律	活动1:"我是小仓颉"造字交流大会 活动2:形成年级汉字族谱进行布展	活动1:仓颉面对面 活动2:反思并完善

三、项目目标

（1）通过与一年级学生学情相符的小活动、小故事，在游戏中感受文字的作用，在故事中产生对"汉字是如何产生和演变？"这一问题的好奇，以此驱动项目问题，产生探索汉字造字秘密以及自己创字的兴趣。

（2）通过观察、分析、归纳等方式，理解并掌握传统造字法，科学分析汉字，并尝试创造新字或绘制汉字演变过程。

（3）通过班级的汉字族谱展示，在同伴分享与交流的过程中，深化对传统造字法和汉字文化的理解与热爱，增强汉字学习兴趣和对传统文化的认同。

（4）通过集体分享交流个人成果或小组成果，对相同或不同类型汉字的创编进行批判性评价，并对相应内容进行反思、修改，进一步完善汉字族谱。同时，思考整个项目的学习经历，对期间的探究方式、学习历程、问题解决的方法等产生迁移的意识。

（5）通过对项目活动的探究，感受文字的传承作用，体会汉字的形体美，增强对中国汉字文化及语文学习的兴趣，提高对中国传统文化的认同感和民族自豪感。

四、项目过程

本项目依据启动项目提出问题、知识能力建构、公开成果、完善反思4个任务环节，设计项目实施过程。

（一）提出问题

学生通过听记小游戏，分别以无纸笔辅助和文字记录两种方式听记同一段信息，思考讨论发现文字的作用。进而进行"画鸟传意"的小活动，了解象形造字法与图画的共同之处。

此时，引入"仓颉造字"的神话故事激发探索汉字演变的兴趣，以象形造字法为匙开启探索汉字演变的大门。提出"如何以所学的造字方式分析、归纳已学的汉字,绘制它们的演化过程,形成一张汉字族谱?"的驱动性问题,帮助所有的青浦世外人了解中华汉字的深远奥义。

(二)知识能力建构

学生首先通过已学的象形造字法,结合生活中具体事物的形象绘制象形字的演化过程。

随后,在交流展示的过程中,进一步引导思考,当表示抽象概念时,将如何用图画或标记表达意思,进而帮助学生建立指事造字法的概念。通过个人探究和小组讨论的方式,绘制指事字演变过程。

继而,在交流展示的过程中,引发思考指事造字的局限:无法表达复杂概念。通过回顾一年级上课文《日月明》,了解会意造字法,并尝试使用会意法创造新字。

接着,请学生分析给定汉字的演变过程,发现形声字构造的特殊性,通过学习课文《动物儿歌》了解形声字的构字规律。在掌握形声字构字规律的基础上,进一步完成形声字任务单,分析形声字形旁表意,声旁表音的特点。

最终,将探究各造字法过程中绘制的任务单进行班级的分类整理,初步形成班级的汉字族谱,再进行年级的汇总。

(三)公开成果

本阶段学生将重新整理本次探究活动中完成的任务单,归纳回顾 4 种传统造字法的特点,通过交流讨论和修改完善,形成班级的汉字族谱,进而整合成年级汉字族谱。

(四)完善反思

项目最后,小组通过观察学习年级汉字族谱,讨论交流自己对汉字造字法的学习感受。整理反思,并制作小卡片,通过这次和仓颉的时空之旅,你想对仓颉说什么?回归本质问题:汉字是如何产生和演变的?

五、项目成效

从学生的项目成果"汉字族谱"展示中,可以看到学生能够通过个人思考和集体讨论,建构分析字形,了解字形演变的知识与技能,完成本次的核心任务,主要目标达成度较高。

在项目活动中,学生能够借助任务单简单介绍象形、指事汉字演变过程中由具象到简单,且保留特征的特点,并思考发生这种变化的原因与社会现状和使用频率密不可分。学生从绘制古代文字演变的过程入手,在充分理解象形、指事造字法的基础上进一步学习会意、形声造字法,梯度学习和活动分解使得深入理解在整个项目式学习中成为可能。过程中,学生逐渐产生自己做仓颉创造新字的兴趣,选择恰当的方式创造音形义具有互相联系的新字,也能够向同伴介绍自己的设计理念,深化理解。在交流分享和评价中,提示自我批判的思维,不断完善、反思自我成果。

以下是部分学生作品及其设计介绍:

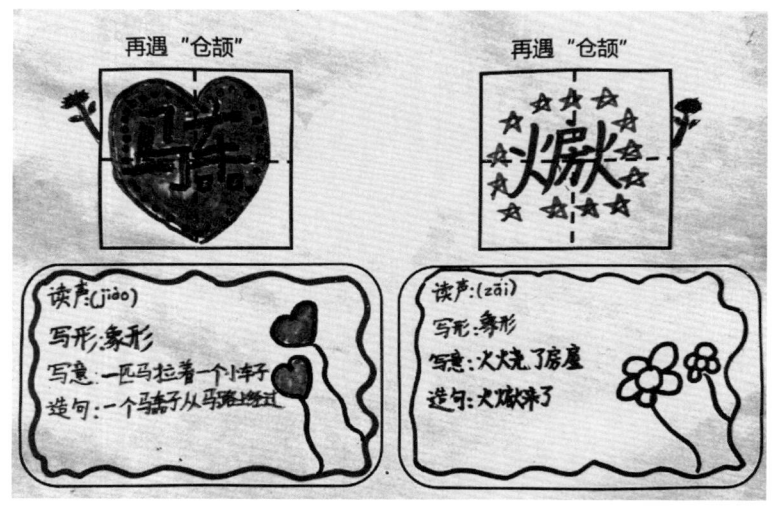

图 2 学生造字作品

如图 2 所示,学生运用象形的方法创造了 jiào 和 zāi 两个字。学生介绍:"古代人民出行乘坐轿子,而轿子就是马拉着车,车下两个口表示车轮。我其实用到了象形和会意的方法,从我创造的这个字你就很容易能够猜到它的意思和读音。另一个字是 zāi,在人们的生活中,房子被火烧着就是灾,就像《雪孩子》这篇课文里,小兔子的家一样。所以我设计了这个 zāi 字,房子的左右两边都是火,房子被火包围、被火烧着了,就是 zāi。"当该同学介绍完自己所设计的汉字后,也有同学提出自己的建议,火烧着房子是 zāi,房子被水淹了也是 zāi,所以单从字形来看,这个字也可能被当作"shāo"。针对这一点,该学生进一步阐释了自己的理由,称自己是在学习"灾"这个字之后,创造出自己的"灾",用火灾来代表灾难。

根据该同学的介绍,不难看出,这位同学已经基本理解了所学习的造字法,同时也建立了汉字音形义结合的特点,既能结合生活又能表达自己的想法进行造字。这其实就是本项目学习所希望达成的目标之一,通过观察、分析、归纳等方式,理解并掌握传统造字法,科学分析汉字,并尝试创造新字或绘制汉字演变过程。在同伴分享与交流的过程中,深化对传统造字法和汉字文化的理解与热爱。

关于同学提出的疑惑,教师也可以从词义的引申这一点拓展学生的知识面,引导学生发现汉字在表达含义的过程中词义发生引申变化,表达的含义可能有缩小、扩大或者转移等特点,进一步激发学生学习语文的兴趣。因此,在项目结束教师进行复盘时,我们增加了"仓颉面对面"的部分,在面向全校公开成果后,请其他年级学生观展并提供交流平台,为学生的"造字"尝试提供更多的思想火花。"小仓颉"可以采纳观展者的建议修改自己的设计,也可以与建议提供者进行答辩。

在项目反思阶段,不少同学表达了自己对汉字的感受,他们的话语纷纷指向文化自信的建立。如"我以前学字的时候没有想到,原来古人在造字的时候动了这么多脑筋。""我发现有很多字真的和这样东西长得很像,让人一看就知道这是什么字,中国人真是太聪明了。""原来我也能够像仓颉一样造字,好有趣。""在听同学介绍他造的字时,我们都笑翻了,但他说得又很有道理。"从这些话语中我们不难发现,学生们已经对这 4 种造字法有了更加深入的理解,与同伴一起感受到了学习汉字、共同探索的乐趣,同时也增强了对传统文化的认同,由内而外地慢慢建立起文化自信。

六、项目反思

在经历对本项目的设计与实践后,发现在项目式学习的推动下,学生能够自发地产生探究的意识,同时在学习的过程中,能够运用所学的知识和提供的材料,自发地开展探究,产生深度学习,并在潜移默化中形成思维、沟通、合作等素养。在交流和讨论中,我们可以看到学生逐步深入地了解祖国的汉字演变史,由内而外地产生文化自信,而这正是项目式学习所带来的变化。

(1)项目的整体设计需要基于学科本质。本次再遇"仓颉"项目是基于语文学科的一个项目。项目本身由语文学科而来,同时又回到语文学科本身去。在项目的设计过程中,教师需要研读一年级语文教材,从教材中提取整合相关的语文学科知识和需要培养的技能,以此为内核再对项目的情境和整体推进的方式做更细致的思考。这样基于学科又高于学科,能够帮助学生在掌握学科知识的同时,用自主探究的方式锻炼学生核心能力,把学习还给学生。

(2)项目的任务支架需要基于实际学情。无论是项目的设计亦或是实践,学情都是我们不可忽视的一部分,充分了解学情是项目顺利推进的保证。项目的实践对象为一年级学生,一年级学生对于问题、任务、计划的理解深度不够,为此在提出驱动问题的时候,为了让学生深入理解,入项采用了多次活动式的体验,从听、写、说、想4个方面激发了学生的思维动能,从而使得他们自主地挖掘问题,起到理解任务的作用,并提出学习古人造字方式的想法,这对后续推进对文字的探究有着至关重要的作用。

(3)项目的反思过程能够激发新的思考。从项目最后的成果和学生的交流可以感受到,通过这次项目,学生对中国汉字的构字法有了相较于语文课堂更加深入的了解,其原因一方面在于知识内容的拓展,而更大程度上在于在学习的过程中,学生享受着自主探究甚至创造的乐趣,在这样的过程中无论是习得的知识亦或是锻炼的能力都比教师在课堂上进行输出的效果更好。因为这是学生自主的,更是自发的学习。当学生们拿着自己制作的任务单进行交流和展示时,他们是快乐的、自豪的。这种方式也启发了日常语文的教学,在课堂中我们可以创造更多更为真实情境,给予孩子学习的时间和探究的机会。这也是新课标中提到的,增强课程实施的情境性和实践性的极好的实践。

案例 2
创新"青外菜系"

上海青浦区世外学校　李　瑞

一、项目背景

世界粮食日之际,学校开展了一次"食堂粮食大调查",在上传的活动成果中,发现每日中午的午饭都有浪费粮食的现象。其中的原因之一是,虽然青浦世外的午餐营养均衡,但是"自己爱吃"的却不多。细想中华美食,那可是丰富多彩,川菜、鲁菜、淮扬菜、粤菜、浙江菜、闽菜、湘菜、徽菜"八大菜系",我们是否应该去注意尝试。鉴于在世界粮食日的调查结果,语文组将中华传统美食作为吸引学生研究菜系的引子,开展关于"青外菜系"(青浦世外菜系简称)再创的研究。

2022年4月,国家教育部颁布新义务教育课程方案,其中着重强调厚植爱国主义精神,传承优秀文化。同时,在《新义务教育语文课程标准》中,明确指出继承和弘扬中国优秀传统文化,建立文化自信,建构学习任务群,体现实践性的课程理念。

基于新方案与新课程标准,语文教研组围绕青浦世外"中国心、世界眼、未来脑、创新手、时代行"的15字目标,制定了相应的学科目标。在"中国心"这一维度中,着重指明培养学生感受中国语言,认同和热爱中华优秀文化,关心社会文化活动,积极参与和组织校园、社区等文化活动,发展交流、合作探究等实践能力,增强社会责任意识。

在教材研究中亦发现,中国美食在语文学科教材中有具体的呈现,主要介绍了许多不同地区的美食,在积累识字的基础上,以图文配合的方式,让学生直观感受中国美食"色香味"俱全的特点。

基于以上,本项目以"如何运用中国八大菜系的知识改善学校的菜谱?"为驱动问题,利用问卷调查调研民意、资料搜集等方式了解中国美食的烹饪方式,进而改善青浦世外菜谱,"新"菜换"旧"菜,开展一次青浦世外午餐展。在项目实施过程中,学生通过识字、表达与交流、梳理与探究等多方面的学习,了解中国美食制作方式,感受中华传统文化的重要价值。

二、项目设计

(一)对应课程内容和标准

1. 课程内容

"创新'青外菜系'"在语文学科方面主要涉及部编版语文教材二年级下学期第三单元(识字单元)第4课"中国美食"中的内容。

2. 课程标准

《义务教育语文课程标准》(2022年版)与项目相关的内容要求是:

(1)识字与写字:喜欢学习汉字,有主动识字、写字的愿望。掌握汉字的基本笔画和常用的偏旁部首,能按基本的笔顺规则用硬笔写字,注意空间结构,初步感受汉字的形体美。努力养成良好的写字习惯、写字姿势,书写规范、端正、整洁。

(2)表达与交流:能认真听他人讲话,努力了解讲话的主要内容。与他人交谈,态度自然大方,有礼貌。积极参加讨论,敢于发表自己的意见。

(3)梳理与探究:观察字形,体会汉字部件之间的关系。梳理学过的字,感知汉字与生活的联系。

(二)问题和任务框架

1. 本质问题

如何营养均衡用餐,不浪费食物?

2. 驱动问题

如何运用中国八大菜系的知识改善学校的菜谱？

3. 核心任务

在现有青浦世外的菜谱基础上，创新既营养又符合青浦世外师生口味的"菜系"。

4. 问题链

为完成核心任务，解决驱动问题与本质问题，本项目设计以下子问题：
（1）如何解决学校午餐浪费的问题？
（2）如何改进学校的午餐？
（3）中华八大菜系能为我们带来哪些启发？
（4）中国菜系和青浦世外菜的联系是什么？
（5）如何表达创新的青浦世外菜谱？

5. 任务群

依据项目的问题链设计（图1），以核心任务为中心，设计任务群（表1）。本项目共分为启动项目提出问题、知识能力建构、公开成果、完善反思4个任务环节。

三、项目目标

（1）通过交流思考、讨论解决学校午餐浪费现象的办法，发现中国八大菜系带来的魅力，在回顾生活经历中提出驱动问题，在理解任务的基础上学生制定相应的学习计划，为"青外菜系"的创建做好准备。

（2）通过学习语文课文、网上资料查阅、家校开展做菜活动等，深入了解中国八大菜系的起源、特征以及烹制方式，在与青浦世外午餐菜色的对比中，发现青浦世外午餐的可改进之处，从而撰写方案并写下创意菜谱。

图 1 项目问题链

- **本质问题**：如何营养均衡用餐，不浪费食物？
- **驱动问题**：如何运用中国八大菜系的知识改善学校的菜谱？
- **问题链**：
  - 子问题1：如何解决学校午餐浪费的问题？
    - 学校午餐浪费的原因是什么？
    - 解决这个问题需要学习哪些知识与技能？获得哪些信息？
  - 子问题2：如何改进学校的午餐？
    - 如何辨别食谱中的主食与菜肴？
    - 如何运用中国美食特色改善学校午餐？
  - 子问题3：中华八大菜系能为我们带来哪些启发？
    - 中国分别有哪些菜系？
    - 各菜系的烹饪方式有何不同？
    - 除了八大菜系，还有哪些特别的地方菜？
  - 子问题4：中国菜系和青浦世外菜的联系是什么？
    - 你喜欢的青浦世外菜有哪些？
    - 这些菜分别对应中国什么菜系？
    - 如何以"新"菜替"旧"菜？
  - 子问题5：如何表达创新的青浦世外菜谱？
    - 语文课本中如何表达中华美食？
    - 如何使菜谱在展示时更具吸引力和竞争力？

表 1 项目任务群

创新"青外菜系"			
核心任务：在现有的菜谱基础上，创新既营养又符合师生口味的"青外菜系"			
任务1：提出问题	任务2：知识能力建构	任务3：公开成果	任务4：完善反思
活动1：讨论学校午餐浪费的原因，思考可以解决的办法 活动2：提出驱动问题，考虑完成任务所需信息以及获得信息的方法 活动3：整理所有收集到的信息，提取相关内容	活动1：结合《中国美食》一课，了解青浦世外菜谱 活动2：了解中国八大菜系的制作方式 活动3：结合生活经验和以上所学，"新"菜替"旧"菜，设计并推荐新的青浦世外菜谱 活动4：画一画青浦世外午餐	活动1：制定评价标准 活动2：部分作品展示 活动3：青浦世外午餐展	活动1：反思并完善 活动2：反思并迁移

（3）依据任务目标小组讨论制定"青外菜系"的评价标准，并以此标准准备并介绍自己制作青浦世外菜谱，在演说中小组同学之间展开客观的评价。

（4）通过反思同学们在小组演说中给予的评价，完善菜谱设计；司时，通过反思来改进"青外菜系"项目，获取面对问题解决问题的方式，如调查、实践等，为将来可能面对的问题打下能力基础。

四、项目过程

（一）提出问题

学生结合自己已有的经验，对"如何解决午餐浪费"展开思考，不少同学想到改善青浦世外的菜谱。在这个方面，有些同学首先考虑的是各类菜肴的营养价值及搭配，有些同学考虑的是青浦世外人对不同菜肴的喜爱程度，有些同学想到的是和菜谱制作有关的内容。随着讨论的深入，一段关于中国美食的视频带领学生进入美食的天地，学生纷纷发现中华美食的博大精深，于是想以此改善青浦世外菜谱，这便是对驱动问题的自然发现。

在明确任务后，学生呈现出不同思考和不同需求，例如"中国八大菜系到底是怎么做的？""哪些菜能够帮助我们改善饮食"等等。针对这些需求的不同，设计了任务群（表1），让学生通过探索自主地解决问题。

（二）知识能力建构

首先，学生结合《中国美食》一课，对青浦世外原有的菜谱进行研究分析，了解青浦世外食谱的构成，初步感知菜谱的设计，为自己的推荐菜谱奠定基础。结合问卷调查的结果，了解青浦世外师生提出的改进建议，例如缺少炙烤的伙食、蔬菜味道太淡、青菜嚼不动等问题，找出需要被"替换"的菜肴。

随后，学生了解中国的八大菜系，在探索中了解中国传统的美食文化、不同菜系的烹饪方式、不同的口味特点，在此过程中感受不同地域的美食文化差异。同时，在搜集资料、整理资料和调查的过程中，发现除了传统的八大菜系外，有很多新的菜系在衍生，人们根据地域、文化和口味变化等实际情况，也在改良和创造新的菜系,像与同学生活息息相关的上海本帮菜系,就是为了适应上海人喜食清淡爽口的口味,菜肴渐由原来的重油赤酱趋向淡雅爽口,从中进一步了解了美食文化也在不断变化和更新。

继而,学生寻找菜系和青浦世外现有菜色之间的联系,发现食堂大厨在制定菜谱时,已经将中国菜系中的很多传统名菜纳入食谱,了解食堂在制定菜谱的时候,也考虑到了文化的传承;也能通过比较,发现有些菜是经过改良的,使其更符合学生的口味;有些菜更是经过了精心的研制,是食堂师傅独创的新发明。但归根结底,一张食谱的呈现,一定凝聚着食堂师傅的智慧。从而,明白一张食谱的制定一定要经过全面的考虑。

经过一系列的探索,学生在制定一张新的菜谱时,会思虑较为全面。他们可以改善已有菜谱,将一些不符合口味的"旧"菜去除,加入一些青浦世外人喜闻乐见的"新"菜,更可以自制全新菜谱,将青浦世外午餐彻底改头换面。在实际操作过程中,大部分学生还是在考虑营养等因素的情况下,选择改善已有菜谱。

最后,学生在制作菜谱过程中学习着课文的样子,以图文结合的形式来推销自己的菜谱,使菜谱在展示时更具吸引力和竞争力。

(三)公开成果

本阶段学生小组讨论制定评价标准,明确制作的青浦世外菜谱所具备的要求。最后,以小组为单位进行青浦世外菜谱评选活动,小组在每个小组演说后,需根据共同制定的评价标准进行评估,并提出相应的修改意见。

(四)完善反思

项目最后,小组根据评价完善青浦世外菜谱,以展板的形式进行宣传。同时,回顾本项目中所学的知识、技能以及解决问题的历程,介绍经历与感受,回归本质问题:如何营养均衡用餐,不浪费食物?

五、项目成效

(1)真实情境,提升学生解决问题的能力。在本项目中,学生为了解决所遇到的问题，充分调动已知，利用各种工具，寻找答案，在"遇到问题——解决问题"的过程中，不仅解决遇到的实际问题，更是积累如何解决问题的经验。

（2）联系课文，养成了自主积累识字的习惯。学生从课文中学习不同菜系的烹饪方式，联系生活想到更多的烹饪方式。在这个过程中积累和烹饪有关的汉字，通过字源识字的方法，让识字变得有趣。

（3）过程中，促进学生习惯和能力的养成，弘扬和继承中华优秀传统文化。在项目完成的过程中，以小组的形式分享交流，是在培养学生良好的表达、倾听和有礼貌提问的好习惯。在菜谱的"取舍""替换"之间形成共情，促进学生同理心的形成，能为学校的建设献言建策，增强了学生的主人翁意识。在了解中国美食的过程中，学生加深了对美食文化的了解，在知识的积累中，逐渐形成文化自信，也逐渐明白中华优秀传统文化需要我们每一代去继承和弘扬，要一起守护中华文明的优秀成果。

六、项目反思

（1）项目式的学习提升了低年级学生识字兴趣。本项目通过任务的形式给学生搭建了很好的学习支架。学生在操作过程中，为了解决问题会主动阅读大量的资料，查找相关的信息，并根据自己的需要整理与"菜"相关的信息，这个过程加大了学生的识字量。同时学生为了解决问题，会用不同的方式识字、写字，遇到不会写的字，会用拼音代替，通过查字典、询问老师同学和 iPad 等工具语音输入查询不会书写的字，在不知不觉中积累识字的本领。

（2）学科项目的设计与实践需要关注学科本身。项目式学习的特征之一是使"静态的惰性知识"成为"动态的活力知识"。通过对问题解决，实现知识与技能的应用创新，发展高阶思维，走向深度学习。在解决问题的过程中，对于学科本身的参与度关注是非常重要的，这一点关系到学生是否通过项目式的学习达到比原先课堂更深入学习的成效。因此，在设计项目时，需思考本项目的情境背景与本学科的关联度，从而在设计中就能有的放矢，便于问题链与任务群的建立。例如，本项目以语文课文教学为主要的知识建构部分，以项目式学习让学生牢固地学习本课，从而达到语文素养的同时，形成更多的通识性素养。

案例 3
中国古代能工巧匠展览

上海青浦区世外学校　孙娟娟

一、项目背景

2022年,《复兴文库》中题为《在复兴之路上坚定前行》的序言里提道：修史立典,存史启智,以文化人,这是中华民族延续几千年的一个传统;要坚定文化自信、增强文化自觉,传承革命文化、发展社会主义先进文化,推动中华优秀传统文化创造性转化、创新性发展,构筑中华民族共有精神家园。在以"红色追梦人"为主题的语文阅读节中,学生在感悟与体悟中领会中华文明的奥义,语文组整合教材内关于中国能工巧匠的学习内容以及关于这方面的科技文明历史,开展了以"中国古代能工巧匠展览"为主题的学习之旅。

2022年4月,国家教育部颁布新义务教育课程方案,其中着重强调厚植爱国主义精神,使学生成为能担当的人,传扬优秀传统文化。同时,在《义务教育语文课程标准》(2022年版)中,强调语文课程需要增强凝聚力,铸牢中华民族共同体意识,建立任务群、体现实践性,形成文化自信、培育时代新人,实现中华民族伟大复兴等方面具有不可替代的优势。

基于新方案与新课程标准,语文教研组围绕青浦世外"中国心、世界眼、未来脑、创新手、时代行"的15字目标,制定了相应的学科目标。在"中国心"这一维度中,着重指明培养学生了解中华传统文化的源远流长、丰富多彩,提升自身中华优秀传统文化修养;感受先贤志士的人格魅力,体会捍卫民族尊严、维护国家利益的世界和平的伟大精神。于是，围绕"中国古代能工巧匠"，语文组将新方案与新课标的理念融入本次设计之中。

在语文教材中有着丰富的对中国古代科技文化的课文，介绍了中国古代能工巧匠的成就，体现了他们的高尚品质和奉献精神。了解人物的精神品质，感悟中华优秀传统文化的魅力，与本次项目研究的主题密切相关。

基于以上，本项目以"如何通过信息整理、模型制造等方式为古代能工巧匠及代表作品举办一次展览？"为驱动问题，学生通过对能工巧匠人物的探索，作品的呈现，历史横向和纵向的对比，以及对现实和未来的创造性转化的设想，以海报、演讲、视频、作品复现等方式举办一次"中国古代能工巧匠展览"，全方位展示他们的事迹、人格魅力、作品，并介绍给其他年级的同学们和青浦世外的老师们，最终以公众号的形式展示出来。

二、项目设计

（一）对应课程内容和标准

1. 课程内容

"中国古代能工巧匠展览"在语文学科方面主要参考部编版语文教材三年级下册第三单元"古诗三首""纸的发明""赵州桥""一幅名扬中外的画""综合性学习"等课时的内容。

2. 课程标准

依据涉及的课程内容，在设计项目时仔细研读了相关的课程标准，从而使项目的设计能够促进学生语文素养的发展。

《义务教育语文课程标准》（2022年版）与项目相关的内容要求是：积淀丰厚的文化底蕴，继承和弘扬中华优秀传统文化。

《上海市小学语文学科教学基本要求》对本项目的基本要求是：
（1）对文中人物的言行和主要事件发表自己简单的看法（含理由）。
（2）赞同文章揭示的道理，有践行的意愿。

(3) 概括人物的性格特点、精神品质或事物的特征。

(4) 结合查找的资料,进一步解释课文表达的思想感情。

(二) 问题和任务框架

本项目的问题与任务框架从本质问题、驱动问题、核心任务与问题链展开剖析后,依据问题链设计相应的任务群(图1、表1)。

1. 本质问题

本项目以继承和弘扬中华优秀传统文化为整体背景,以语文学科涉及的中国古代科技发明作为一个活动项目,确定本质问题:如何传播中国匠心的品质?

2. 驱动问题

如何以古代能工巧匠和他们的代表作为主题举办一次展览?

3. 核心任务

以古代能工巧匠和他们的代表作品为主题举办一次展览。

4. 问题链

为完成核心任务,解决驱动问题与本质问题,本项目设计以下子问题:
(1) 能工巧匠及其作品在所处时代中有着怎样的贡献?
(2) 能工巧匠及其作品对后世的影响和意义?
(3) 能工巧匠及其作品对未来科技发展有何启发?
(4) 如何用文字、演讲、视频等多种方法展示对能工巧匠及其作品的探究?

5. 任务群

依据项目的问题链设计,以核心任务为中心,设计任务群。本项目共分为启动项目提出问题、知识能力建构、公开成果、完善反思4个任务环节。

图 1　项目问题链

本质问题：如何传播中国匠心的品质？

驱动问题：如何以古代能工巧匠和他们的代表作为主题举办一次展览？

问题链：

- 子问题1：能工巧匠们及其作品在所处时代中有着怎么样的贡献？
  - ▶所处时代面临的问题是什么？
  - ▶中华民族能工巧匠是如何解决的？
  - ▶同时代其他民族文化是怎么解决的？

- 子问题2：能工巧匠们及其作品对后世的影响和意义？
  - ▶能工巧匠们身上的"工匠精神"有哪些传承和影响？
  - ▶能工巧匠的发明创造对社会发展有什么意义？

- 子问题3：能工巧匠们及其作品对未来科技发展有何启发？
  - ▶能工巧匠们的作品已有哪些改进和完善？
  - ▶未来你对这些作品有什么畅想？

- 子问题4：如何用文字、演讲、视频等多种方法展示对能工巧匠们及其作品的探究？
  - ▶如何把探究成果通过多种形式布展？

表 1　项目任务群

中国古代能工巧匠展览			
核心任务：以中国古代能工巧匠及其作品为主题举办一次展览			
任务1：提出问题	任务2：知识能力建构	任务3：公开成果	任务4：完善反思
活动1：通过视频等相关资料，知晓鲁班及鲁班锁 活动2：通过视频等相关资料，走进"应县木塔"，了解千年不倒的古建筑 活动3：明确项目任务（分析驱动问题，理解核心任务，制定初步计划与标准）	活动1：调查人物所处的历史背景及自然环境以及需要解决的社会问题 活动2：将能工巧匠的发明创造与同时代其他文化进行横向对比，与前后时代解决社会问题的方式进行纵向的对比 活动3：整理能工巧匠的事迹及他们身	活动1：制定评价标准 活动2：确定展示方式（海报、演讲、视频等） 活动3：布置成果	活动1：反思并完善 活动2：反思并迁移

续 表

中国古代能工巧匠展览			
核心任务：以中国古代能工巧匠及其作品为主题举办一次展览			
任务1：提出问题	任务2：知识能力建构	任务3：公开成果	任务4：完善反思
	上的"工匠精神" 活动4：复现能工巧匠的作品，体验作品本身的科技及社会意义 活动5：画出对于古代能工巧匠作品的改进图，或发表改进畅想		

三、任务目标

（1）通过阅读资料与观看视频，了解鲁班及鲁班锁，走进"应县木塔"观赏千年不倒的古建筑，对中国古代科技及能工巧匠们的发明创造产生探究的强烈内驱力，明确驱动任务，展开学习计划。

（2）通过语文课文的学习与信息的整合与调查，深入学习中国古代能工巧匠们的故事和他们的作品，了解他们解决当时社会问题的方法，以及通过对比同时代不同文化的科技发明，体会中国古代科技的不凡成就。

（3）通过学习海报制作、视频剪辑等不同方式，呈现对中国古代能工巧匠的探究成果，在合作中布置展区，提高对信息的整合、提炼、展示能力。

（4）通过总结同学们在展览中提出的建议，完善成果；同时，回顾整个项目中对中国巨匠们的学习经历，感受到中国的匠心精神，从而以从本项目中习得的学习方式继续传扬。

四、任务过程

本项目依据启动项目提出问题、知识能力建构、公开成果、完善反思 4 个任务环节，设计项目实施过程。

（一）提出问题

学生通过观看视频，阅读相关文字资料，了解中国古代工匠鲁班的故事以及鲁班的发明创造，发现鲁班的作品对于时代的发展有着重要的贡献。同时通过观看视频，学生们"走进"应县木塔，了解千年不倒的古建筑，感叹中国古代科技成果的精巧与神奇，从而产生对中国古代科技及能工巧匠的发明创造产生探究的强烈兴趣。

此时，提出"你还知道中国古代哪些科技发明？认识哪些能工巧匠？他们的发明对中国乃至世界的发展有什么促进作用？"的问题，并在讨论中明确本项目的任务"能不能为你感兴趣的能工巧匠办一次展览？"此外，在此过程中还制定了计划表与初步评价标准。

（二）知识能力建构

本阶段通过查找资料、绘制海报、整理文字等方式，知道中国古代能工巧匠的故事和他们的作品，了解他们解决当时社会问题的方法，以及通过对比同时代不同文化的科技发明，体会中国古代科技的伟大。

学生按照计划，以小组为单位自主讨论分工，查阅古代能工巧匠的相关资料，了解不同朝代的不同人物和他们的作品，以及对社会的贡献。小组在汇总资料的基础上，选出大家一致感兴趣的 1~2 位能工巧匠进行重点探究。

锁定要探究的人物以后，结合人物所处的历史背景，分析当时社会所面临的主要问题，发现这些问题促使能工巧匠发挥才智进行发明创造。在此过程中，学生还了解并对比了同时代其他民族文化的相同科技发展情况，如有的小组在研究隋朝的工匠李春设计的赵州桥时，还查知欧洲最早石拱桥晚于赵州桥出现，却早于赵州桥毁灭。除此之外，学生们还通过查找资料得知赵州桥历经多次地震、水灾、战争及朝代的更迭，依然屹立不倒。在如此横向与纵向的对比中，加深了对中国古代劳动人民智慧的认识，产生极大的民族自豪感。

接着，学生集中关注能工巧匠身上的"工匠精神"，以及中华文明对这种精益求精态度的传承。除了精神的传承，工匠们的作品本身对社会发展的意义和影响也至关重要。比如鲁班善于观察，从而让他受到树叶的启发，发明锯子，而锯子的广泛应用，对于社会的进步和发展有着深远的影响。

继而，受到能工巧匠的影响，激发内心强烈的使命感和责任感，对于"如何传承工匠精神？如何对这些作品进行创造性改良和转化？"这些问题成为探究的必然。在历史的发展中，这些发明创造经过了怎样的改进和完善，作为有社会责任感的新时代学子又有哪些新的畅想？在发明创造领域，传承中华文化方面，未来的他们又该做出哪些贡献？引发学生思考。

最后，根据自己的探究结果，选择海报、演讲、复现作品等方式表现出来。

（三）公开成果

本阶段学生需要依据任务目标修订评价标准，明确为喜欢的能工巧匠举办一次展览的要求，随之根据标准在组内对展览的内容及方式进行修改与完善，并组织进行模拟训练。

最后，以小组为单位，在学校专门区域布展，邀请青浦世外师生来参观，小组在展览之后，需根据共同制定的评价标准进行评价，并提出相应的修改意见。

（四）完善反思

项目最后，小组根据评价完善中国古代能工巧匠的布展，并制作公众号进行发布与宣传。同时，回顾本项目中所学的知识、技能以及解决问题的历程，介绍经历与感受，回归本质问题：如何了解中华优秀传统文化并创造性转化？

五、项目成效

从学生的项目成果"中国古代能工巧匠"展览会中，学生能够通过小组内的沟通合作，对本项目产生浓烈的探究兴趣。他们努力超越时空，融入所探究的能工巧匠所处的社会环境，面对当时的社会问题进行思考。以文字或其他表达方式，介绍所搜集的匠人事迹和他们的作品。了解了这些古代的发明创造在中华传统文化中的重要地位，尤其是通过对比同时代其他国家的成就，感受中国古代劳动人民的智慧。同时，他们站在超越作品本身的角度，看到匠人面对问题的态度，学会实事求是的文化内核和民族精神，从而坚定了文化自信，增强了民族自豪感。

在项目反思阶段，许多学生纷纷说出他们对于中华传统文化的自豪感和对中华传统文化进行创造性转化的使命感。"原来我只知道中国古代四大发明，没想到我们中国古代还有那么多震惊世界的发明。""应县木塔实在太令人惊叹了，有机会我一定去看一看。""斗拱这项技术体现了中华之美，以后我也要专攻建筑学，把我们中国的斗拱创造性地应用到建筑设计中去。"……从这些语句中不难看出，学生们在探索"中国古代能工巧匠"这个项目的过程中，对所见、所闻产生的共鸣。

六、项目反思

在本项目学习的推动下，学生通过积累、搜集、演讲、手工等方式，为中华民族传统文化的智慧、文明和汗水的成果代言，在探索中加深了对传统文化的理解与认同，树立了文化的自信。同时他们也在潜移默化中形成了合作、沟通、辩证思维等素养。同时，我们在此次项目化学习中，对语文教学有了更深的思考，《义务教育语文课程标准》（2022年版）更加注重学习任务群的建立，此次项目式学习结合了三年级下册第三单元的学习内容，语文项目式学习不仅注重学生语文学习的实践性和综合性，更是一种结构化的组织形态，强调语言实践在拟真情境中的运用与探索。在今后的语文教学中，要更多地基于语文学科，尝试从学科认知到生活实践的结合，充分发挥项目化教学独特与人的功能，加强知行合一，倡导"做中学""用中学""创中学"。

案例 4

英雄人物时间轴

上海青浦区世外学校 陈 明

一、项目背景

党的十八大以来,多次提出崇尚英雄、学习英雄、关爱英雄,并做出讲述英雄故事、赞扬英雄品格、弘扬英雄精神、踏寻英雄、瞻仰先烈、缅怀英烈的足迹等相关工作部署。万千忠骨,万千热血,革命先烈以灼热的信仰信念、炽烈的家国情怀、忘我的砥砺奋斗,在百年奋斗征程中书写了中华民族几千年历史上最恢宏的史诗。他们是中华民族的脊梁、人民共和国的丰碑,历史功绩彪炳史册、光照千秋,将永远铭刻在我们心中。

2022年4月,国家教育部颁布新义务教育课程方案,其中着重强调厚植爱国主义精神,使学生成为能担当的人,积极为社会做力所能及的贡献。同时,在《新义务教育语文课程标准》中,明确指出基础教育阶段,学生要能感受先贤志士的人格魅力,感悟老一辈无产阶级革命家的英雄气概、优良作风和高尚品质,体会捍卫民族尊严、维护国家利益的世界和平的伟大精神。

基于新方案与新课程标准,语文教研组围绕青浦世外"中国心、世界眼、未来脑、创新手、时代行"的15字目标,制定了相应的学科目标。在"中国心"这一维度中,感悟革命英雄、模范人物的爱国主义情怀和高尚品质,培养对党和祖国的朴素情感。于是,围绕"英雄"主题,语文教师欲将新方案与新课标的理念融入本次设计之中。

在教材研究中亦发现，关于"英雄"在语文学科的教材中有具体的呈现，主要有《小英雄雨来》《黄继光》《青山处处埋忠骨》《军神》《清贫》等篇目，通过对英雄人物的语言和动作描写，体会人物的品质，恰好与本次研究的主题密切相关。

基于以上，本项目以"谁是我们中华民族真正的英雄？"为驱动问题，学生通过阅读相关英雄人物故事，品读人物的动作、语言等体会人物的品质，梳理出了书中英雄人物和事件，选出自己最喜欢的英雄人物并写出了推荐理由，制成了小报。最后整个年级通过投票选出了最受学生喜爱的英雄人物，制作成英雄人物时间轴进行展示。

二、项目设计

（一）对应课程内容和标准

1. 课程内容

"英雄人物时间轴"在语文学科方面主要参考统编语文教材五下第三单元"英雄人物"主题单元中"古诗三首""青山处处埋忠骨""军神""清贫"等课时的内容。

2. 课程标准

依据涉及的课程内容，在设计项目时仔细研读了相关的课程标准，从而使语文学科项目的设计能够促进学生素养的发展。

《义务教育语文课程标准》（2022年版）与项目相关的内容要求：感悟革命英雄、模范人物的爱国主义情怀和高尚品质，有向模范学习的意愿，增强民族自豪感。

《上海市小学语文学科教学基本要求》对本项目的基本要求是：

（1）能复述叙事性作品的大意，初步感受作品中的形象。

（2）能根据人物的语言、动作和神态描写体会人物的内心。

（3）能抓住主要人物概括长文章的主要内容。

（4）能认同人物身上所具有的精神品质。

（5）能评价人物（含理由）。

(6) 阅读整本书,愿意主动和同学分享自己的阅读感受。

(二) 问题和任务框架

本项目的问题与任务框架从本质问题、驱动问题、核心任务与问题链展开剖析后,依据问题链设计相应的任务群(图1、表2)。

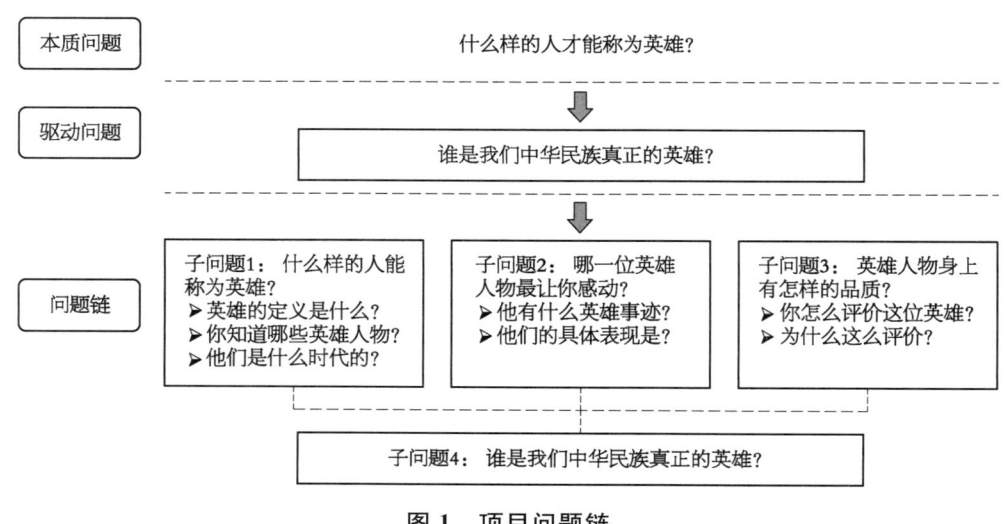

图1　项目问题链

表1　项目任务群

英雄人物时间轴			
核心任务:制作英雄人物时间轴			
任务1:提出问题	任务2:知识能力建构	任务3:公开成果	任务4:完善反思
活动1:每个组交流自己最想分享的一个英雄人物和主要事件(3~5人一组) 活动2:根据不同时代的英雄人物,分小组	活动1:小组讨论确定一个英雄人物,进行深入阅读 活动2:学生查找英雄人物相关资料,写英雄人物颁奖词(50~100字)	活动1:班级小组交流颁奖词,投票评选 活动2:年级组公开交流后投票评选"英雄人物"	活动1:分组制作英雄人物海报(分工:文字、创意、制作、解说、视频) 活动2:小组间互相评价,完善修改

1. 本质问题

本项目以英雄人物为主题，通过人物描写、人物精神品质的分析，锻炼概括事件、评价人物等技能，确定本质问题为：什么样的人才能称为英雄？

2. 驱动问题

谁是我们中华民族真正的英雄？

3. 核心任务

制作英雄人物时间轴。

4. 问题链

为完成核心任务，解决驱动问题与本质问题，本项目设计以下子问题：
（1）什么样的人才能称为英雄？
（2）哪一位英雄人物最让你感动，他们主要的英雄事迹是什么？
（3）他们身上具有怎样的品质？
（4）谁是我们中华民族真正的英雄？

5. 任务群

依据项目的问题链设计，以核心任务为中心，设计任务群。本项目共分为启动项目提出问题、知识能力建构、公开成果、完善反思4个任务环节，在每一环节设计相应的活动，通过序列化的任务促进学生对驱动问题的解决、对本质问题的解答以及对核心任务的达成。

三、项目目标

（1）通过调查了解"何谓英雄？英雄的定义是什么？"小组交流了解的英雄人物和他们的事迹，初步感受英雄人物所共有的精神品质，产生对"英雄人物"学习和探究的强烈内驱力，以此驱动项目问题，明确项目的核心任务。同时，研讨并制定初步执行计划,以此导向任务的达成。

（2）通过制作小报、撰写颁奖词等方式,品读英雄人物的具体表现;学习课文中描写语言、动作、神态等反映人物内心的表达方式;提炼人物的精神品质。此过程中,为英雄人物时间轴的展示活动做好知识和技能的储备。

（3）通过评价先行,引领成果的方式,帮助学生运用已建构的知识与技能修订评价标准,并以此标准进行小组投票和年级层面的投票,投票过程中形成依照标准给予评价的意识。

（4）通过分析同学们在展示活动中给予的评价,完善英雄人物海报;同时,积极总结整个项目学习中对英雄的理解与探索,发现身边的英雄,更深度理解英雄的含义。

四、项目过程

本项目依据启动项目提出问题、知识能力建构、公开成果、完善反思 4 个任务环节,设计项目实施过程。

（一）提出问题

"你最仰慕的人是谁?"当问及这个问题时,学生纷纷例举影视明星,再进一步问及"你为什么仰慕他?",学生却只有"样貌好""唱歌好"这种表象的答案。于是引导学生思考,"到底什么样的人值得我们仰慕呢?"以此带入英雄的主题探索。

学生通过搜索官网视频、电视新闻、官方公众号等获得当下对"英雄"的普遍认识和定义,对这些信息进行讨论、分析后,发现英雄人物都用自己的行动,诠释了什么叫英雄,英雄应该具有的品质,英雄的精神不是一时的,而是能永远流传,供后人学习。从而唤醒学生的社会责任感,让他们产生想学习英雄人物品质的意愿。

此时,提出"最打动你的英雄人物是谁?"的问题,并在讨论中明确设计"英雄人物时间轴"的任务,根据任务制定计划表与初步评价标准。

（二）知识能力建构

学生按照计划，决定先以小组为单位，通过自主讨论分工，查阅与新英雄人物相关的文字、书籍资料，了解英雄人物的事迹，以及人物的具体表现（语言、动作、神态）等描写。

随后，又在对"英雄人物"的梳理中，具体列举人物的主要事例，通过对具体事例的梳理和概括，初步形成对英雄人物的认识。

继而，细读英雄人物的具体事件，品读人物的具体细节表现。比如，人物在什么情况下做了什么？为什么这样做？经过是什么？最后结果是什么？这件事的重要意义何在？

接着，根据人物的具体细节描写，提炼人物的精神品质，发现人物身上的精神力量。在小组里推荐英雄人物，并说明理由。经过小组同学的讨论，最终确定不同时代的英雄人物代表。

（三）公开成果

本阶段学生需要修订评价标准，明确"英雄"具备的品质和具体表现，随之根据标准在组内对推荐理由和颁奖词进行修改与完善，并组织投票活动。

最后，以小组为单位，每个小组演说介绍后，根据投票结果，确定时间轴上的英雄人物。

（四）完善反思

项目最后，小组根据评价完善海报和颁奖词，并制作英雄人物时间轴的宣传墙设计。同时，回顾本项目中所学的知识、技能以及解决问题的历程，介绍经历与感受，回归本质问题：什么样的人才能称为英雄？

五、项目成效

从学生的项目成果"英雄人物时间轴"的投票活动中，可见学生能够通过小组内的沟通合作，建构评价人物的知识与技能，并且能够基于标准展开表达与交流，完成本次的核心任务，显示主要目标达成度较高。

在项目反思阶段，许多学生的发言纷纷表明了他们的社会责任感的形成，如"我非常敬佩小英雄雨来，他很机智勇敢，如果是我身处那个时代，我也要爱自己的祖国""方志敏为官清廉，不怕牺牲，这种革命精神永远值得我们学习""不同时代的英雄人物都有优秀的品质，这些品质精神都是通过一件件事表现出来的，所以我们也应该脚踏实地，从一点一滴的小事做起"等。从这些语句不难看出，学生在探索"英雄人物"的过程中，对所见、所闻产生共鸣，社会责任感、担当感便由内而外地产生。

六、项目反思

在经历对本项目的设计与实践后，发现在项目式学习的推动下，学生能够主动关心他人、关心社会时事，愿意为祖国的发展出一份力量，从中看到了深度学习的力量。同样，本次语文英雄人物单元的项目化设计与实践，也引发对未来教学的思考。在设计与实践中发现学科项目中驱动问题很关键，项目式学习的意义在于学生在驱动问题的引领下产生对本质问题的深入探索。在项目设计时，驱动问题与本质问题的关联度以及对于学生的吸引度都尤为重要。例如，本项目的驱动问题建立于"英雄人物时间轴"的情境中，而项目的本质问题是"什么样的人能称为英雄"，不难看出当解决驱动问题之后，便能够解决本质问题。同样，本项目的一切经历都能够帮助学生解决任何相关领域的新问题。

案例 5

大"话"西游

上海青浦区世外学校　奚姗姗

一、项目背景

四大名著是中国独特丰富的文化遗产,它们不仅反映了时代的风俗习惯和人民生活,同时涵盖了伦理、审美等方面的思想与精神内涵,对我国文学产生了深远的影响。四大名著作为中国文学史上的经典文学巨著,对后世的文学艺术有着不朽的影响,不少影视作品围绕四大名著产生,都反映着人们永不止息地对它们的探索与研究。当读"名著"成为当代学生的需求时,难度则是让学生望而生畏的原因之一,为使学生爱读"名著",教师在调研中发现《西游记》是学生共同喜爱的,结合已有的《大话西游》《悟空传》《女儿国》等影视作品,都成为吸引学生读"名著"较好的引子。为此,在阅读节之际,语文组以大"话"西游为主题展开项目式学习设计。

《义务教育语文课程标准》(2022年版)中,指出语文科目总课时占比20%～22%,相对比其他科目遥遥领先,这对学生的课外阅读提出了更高要求,学生不仅要扩展阅读面,还要增加课外阅读总量,课标中还明确了孩子们从小学开始就要阅读名著,同时提出建立任务群提高学生的语文素养。

基于新课程标准,五年级语文组围绕青浦世外"中国心、世界眼、未来脑、创新手、时代行"的15字目标,制定了相应的学科目标。在"中国心"这一维度中,着重指明阅读整本书,把握文本主要内容,了解中华文化的源远流长、丰富多彩，提升自身中华优秀传统文化修养。于是，围绕"大话西游"主题，语文教师将新课标的理念融入本次设计之中。

在教材研究中亦是发现，关于《西游记》在语文的教材中有相关内容的教学，主要是关于孙悟空成为花果山美猴王的过程，从教材中我们解读了孙悟空的性格特点，而人物的个性绝不是单一的，是多面的、立体的，甚至除了孙悟空，《西游记》中的每一个人物都有独特的个性特征，而这就需要我们去阅读整本书，进一步去探索。

基于以上，本项目以"如何以故事的形式'话'出西游记中人物的特征？"为驱动问题，学生从不同角度去解读他们眼中西游记的人物，并以连环画的方式进行一次"大话西游"，从中带动学生阅读名著，学习描绘人物特征的方式，理解名著所带来的深意。

二、项目设计

（一）对应课程内容和标准

1. 课程内容

"大'话'西游"在语文学科方面主要涉及部编五下（五四学制）教材第二单元中"猴王出世"和"快乐读书吧"的相关内容。

2. 课程标准

依据涉及的课程内容，在设计项目时仔细研读了相关的课程标准，从而使语文学科项目的设计能够促进学生的核心素养的发展。

《义务教育科学课程标准》（2022年版）提出：认识中华文化的丰厚博大，吸收民族文化智慧，关心当代文化生活，尊重多样文化，汲取人类优秀文化的营养，提高文化品位。

《部编义务教育教科书五年级下册》对本项目的基本要求是：

（1）学生了解耳熟能详的名著故事，并能用自己掌握的方法阅读更多的名著故事。

（2）学生在阅读和交流中了解名著故事的特点,了解名著故事中蕴含的丰富知识、情感及道理。

（3）学生能掌握更多读懂名著故事的方法,并实际运用到课外阅读中,从而提升课外阅读名著故事的兴趣,养成良好的阅读习惯。

（4）通过阅读和交流,感受名著故事永恒的艺术魅力。从中了解更多中国传统文化,启迪智慧,拓宽文化视野。激发学生对中国传统文化的热爱之情。

（二）问题和任务框架

本项目的问题与任务框架从本质问题、驱动问题、核心任务与问题链展开剖析后,依据问题链设计相应的任务群(图1、表1)。

1. 本质问题

本项目以《西游记》故事框架为背景,语文学科涉及对人物的解读、信息的提取和梳理,剧本的创编与表演,美术涉及绘画设计,信息科技涉及多媒体表达等技能,作为一个活动项目,确定本质问题为：我们如何从不同角度解读名著？

2. 驱动问题

如何在深入理解《西游记》的故事与人物特征的基础上创编一个新"西游故事"？

3. 核心任务

创编"大'话'西游"的连环画。

4. 问题链

为完成核心任务,解决驱动问题与本质问题,本项目设计以下子问题：

（1）经典名著故事中包含哪些元素？

（2）你最想把其中哪个故事讲给他人听？

（3）如果让你来编其中的一个故事,你会怎么编？

（4）如何用连环画或剧本的方式呈现你的创编故事？

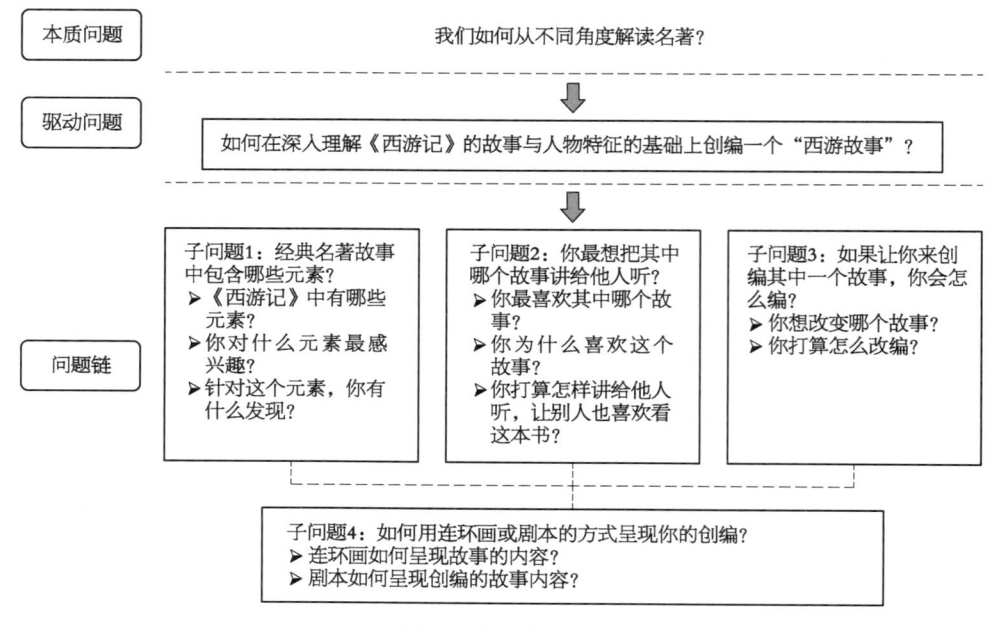

图 1　项目问题链

5. 任务群

依据项目的问题链设计,以核心任务为中心,设计任务群。本项目共分为启动项目提出问题、知识能力建构、公开成果、完善反思4个任务环节,在每一环节设计相应的活动(表1),通过序列化的任务促进学生对驱动问题的解决、对本质问题的解答以及对核心任务的达成。

表1　项目任务群

大"话"西游			
核心任务:创编"大'话'西游"的连环画			
任务1:提出问题	任务2:知识能力建构	任务3:公开成果	任务4:完善反思
活动1:观看不同版本的《西游记》影视剧片段,感受不同	活动1:自选《西游记》章节阅读并制作人物关系、情节发展	活动1:以小组为单位,交流所创编的连环画	活动1:完善修改连环画 活动2:思考对其

续　表

大"话"西游			
核心任务：创编"大'话'西游"的连环画			
任务1：提出问题	任务2：知识能力建构	任务3：公开成果	任务4：完善反思
人对《西游记》故事与人物的不同理解 活动2：以《西游记》为主，阅读选择的篇章，寻找名著中所包含的元素 活动3：思考《西游记》篇章中想表达的含义，产生探索名著的兴趣，理解驱动问题，明确任务目标并制定学习计划	等思维导图 活动2：以小组为单位分享自己阅读的章节，分析、发现名著故事中的人物描写、情节发展、故事深意等重要元素 活动3：以想像再创的内容为基础，重组小组，分工合作习得撰写剧本、绘制连环画的技能 活动4：以制定连环画的标准，创编《大"话"西游》剧本与连环画	活动2：依据标准进行评价	他名著的学习计划

三、项目目标

（1）通过观看不同版本的西游相关影视作品，分析、比较、讨论，了解不同时代背景下的主创者们，出于不同的创作意图会从不同维度解读作品，对《西游记》的阅读与创作产生强烈的兴趣。过程中，理解驱动问题，明确核心任务。

（2）通过制作思维导图、阅读梳理等方式，知道构成神话故事的一些基本元素并以此为线索梳理《西游记》的内容，为创编故事打下基础，让学生讲述最喜欢的故事和最想创编的故事；同时，习得绘制连环画和剧本的技能，为展演中公开成果做好知识技能的储备。

（3）通过展演、投票等方式，展示小组合作中创编的《大"话"西游》连环画，在依据标准的评价中,形成尊重他人成果的同时进行客观提出建议的意识与能力。

(4) 通过反思与完善作品,树立尊重评价标准的意识,并形成建立评价标准的能力;同时,通过反思本次对《西游记》的阅读与内容的创编,总结名著的元素特征,为阅读其他名著制定方法和计划。

四、项目过程

本项目依据启动项目提出问题、知识能力建构、公开成果、完善反思 4 个任务环节,设计项目实施过程。

(一) 提出问题

《大话西游》《女儿国》《悟空传》等影片片段吸引着学生走入西游的世界,学生在观看影片后讨论、比较中发现不同版本的西游记故事之间的差异,在探究中发现产生这些区别的原因是不同时代背景下的主创者们,出于不同的创作意图会从不同维度解读作品,因此有了丰富的"西游世界"。

此时,提出"如何在深入理解《西游记》的故事与人物特征的基础上创编一个新西游故事?"的问题,并在讨论中明确用连环画呈现成果。随后,学生在兴趣盎然之下制定了计划表与初步评价标准。

(二) 知识能力建构

按照学习计划,每一位学生先选择性阅读一个篇章,在阅读时用思维导图梳理这一类神话故事中时常出现的人物,如唐僧、猪八戒、孙悟空、沙和尚等,绘出他们之间的人物关系;同时,也用思维导图绘制这一章节中的情节发展图。

阅读完毕后,在小组内分享自己所读的章节,声情并茂地讲述。在所有人的分享中,找到名著中的必要元素,如人物、关系、背景、地点、事件、所涉及的内涵与深意等;抓住这些线索,再深入阅读《西游记》更多的章节。实则,这些元素也是学生在之后的创编中有可能会涉及的,因此也为创编奠定了一定的基础。

随后,在集体研究《西游记》前 8 回内容的梳理和解读中,了解了《西游记》中不同的人物有不同的性格特点,而这些人物的性格特点是不能随意篡改的,这是学生之后创编故事的一个限制条件。为了更好地了解人物的特征,我们发起了"用西游记的人物发朋友圈"活动,燃起了学生的兴趣。同学们选择一个人物,发布与人物特征相符的朋友圈,其他同学同样扮演一个人物去回复,在多样的回复中,一个个活灵活现的孙悟空、嫦娥、唐三藏……出现在朋友圈中,这个过程也加深了学生对人物特征的把握。

继而,学生选择与自己想创编的章节相同的伙伴,组成新的小组,学习连环画的制作与剧本的创编,在依据任务目标制定相应的标准后,开始共"话"西游。

(三) 公开成果

本阶段在明确连环画创作的标准下,以小组为单位在班级中开展连环画的演说,在听与评中,学生欣赏了来自"西游世界"不同的故事,有的感人、有的欢乐,但所有的故事都充满了正义感。

在结合标准的评价中,学生也了解了成果的欠缺之处,为以后的创作做了更好的准备。

(四) 完善反思

项目最后,小组根据评价完善连环画或者剧本,并在学校的布置墙面上进行布置。在回顾整个"共话西游"的经历中,学生发现了名著的乐趣,更是掌握了读名著的方式,为读更多的名著打下坚实的基础。

五、项目成效

从学生的项目成果"连环画和剧本"的展演中,可见学生能够通过小组内的沟通合作,建构经典名著阅读与创编的知识与技能,使用思维导图梳理文章的人物、情节特征,并依据特征进行再创,项目成效较为显著。

在项目反思阶段,许多学生积极讨论发言,表达了他们对中国文化的认同和热爱,"《西游记》原来不只是打怪取经的故事,这里面还有很多不同地域文化的展示,不同地区的美食,不同地区的风土人情""孙悟空身上这种正义的品质,师徒四人不畏艰险、团结的品质,而这些都是中华民族的传统美德"……一本《西游记》让我们看到了中国文化的博大精深、源远流长。同样,也有同学提出:"《红楼梦》中的故事实际也很精彩,我们也可以一起来读一读""《水浒传》也有不少英雄人物",反映了学生在掌握阅读方法后,对阅读其他名著的向往。

六、项目反思

在经历对本项目的设计与实践后,发现在项目式学习的推动下,学生产生主动阅读古典名著的意愿,在探索中爱上中国古典名著。同样,本次阅读节背景下学科项目的设计与实践,也引发了对未来教学的一些思考,如项目式学习推动阅读兴趣方面的作用。本项目是基于经典阅读的实践中产生的问题而设计,能够带动学生思考、合作、沟通、创新等素养发展,尽管不同的古典名著具有不同的特点,但是本项目的实践能为其他古典名著的阅读提供一个思路和方向,在对于每本书进行具体问题具体分析的情况下,能够起到激发阅读兴趣的作用。

第四章 "中国心系列课程"项目案例
——数学篇

纵观历史长河,对数学的研究一直贯穿于中华文明的发展中。测量、建筑、天文学、农商业等领域,都涌现出了许多数学成就。在这些成就的背后呈现的是无数乐于钻研的人们的数学素养,他们擅于观察生活,从实际中发现问题,通过数学模型、解析数学规律等方式用数学解决问题并获取经验,他们的探究精神和思考方式让我们感到钦佩,自发地想要跟随。

货币的形成到发展、度量衡的统一、算筹等计算工具的演化、"规"和"矩"的推广以及《九章算术》的问世,都是中国古代数学发展的辉煌历史,代表中华民族在很早以前就对数学开始探究和思考。如果能够带着现代中华学子的一颗学习心,穿梭于这一段段历史,我们可以更深入地了解古代数学家所面临的挑战以及他们解决问题的方法,从而更好地理解中国乃至世界数学发展的历程。

现代数学的很多概念和方法可以追溯到古时的数学难题中,因此对数学发展的研究同样也能够帮助学生形成抽象的数学概念。例如,一年级在对货币的研究中了解为什么货币要设置元、角、分不同大小的单位,如果用同一个单位度量物体价值虽然简化了计算,但在实际应用中却非常不方便。同理,这样的现象也可以迁移到其他度量单位的形成。

在古时,数学研究主要是解决生活生产中的实际问题而存在的应用类学科,所以对数学发展的研究也有助于培养学生解决生活实际问题的能力。正如"规"和"矩"的发明解决了建筑行业的难题;算筹和算盘的发明解决了农商等行业的难题；《九章算术》等组成的算经十书则是汇聚了这类难题的解决思路，形成了相对系统的数学方法。

将这些本就存在于教材中的数学问题，着重展开项目式学习的设计，让学生对其充分探索，逐渐理解数学对解决社会实际问题的重要意义。同时，了解中国古代数学家的杰出成就，对我国古代数学成果及人民的智慧产生钦佩之心，传承民族文化，振奋民族精神。

案例 1

人民币的前世今生

上海青浦区世外学校　朱炜祎

一、项目背景

20世纪90年代,国际互联网迅速走向普及化,电子商务技术发展迅猛,以支付宝、微信等为首的电子支付方式也随之成为潮流。目前,由中国人民银行发行的数字形式法定货币——数字人民币,已经在我国14个省及直辖市内试点应用。数字化的时代让学生对人民币的认识渐渐停留在"数字"。然而,在现实生活中,自中华人民共和国发行人民币以来,已历时74年,截止至2022年,已发行5套人民币,人民币的发展与人民的生活是紧密联系的,让学生了解它的发展是对中华文明发展认识的重要部分。

2022年4月,国家教育部颁布新义务教育课程方案与《义务教育数学课程标准》(2022年版),明确指出基础教育阶段数学以学生发展为本,要使学生获得数学基础知识、基本技能、基本思想和基本活动经验(简称"四基"),强调发展学生运用数学知识与方法发现问题、提出问题、分析问题和解决问题的能力(简称"四能"),形成正确的情感态度与价值观。强调以核心素养为导向的课堂教学,培养学生会用数学的眼光观察世界,会用数学的思维思考世界,会用数学的语言表达世界(简称"三会")。

基于新方案与新课程标准,数学教研组结合青浦世外"中国心、世界眼、未来脑、创新手、时代行"的15字目标,制定了相应的学科目标。在"中国心"这一目标之下，深挖教材中的"中国"元素，将新方案与新课标的理念融入项目中，培养学生的数感、量感、符号意识、运算能力、数据意识、创新意识、应用意识、推理意识等多个核心素养，初步形成财商能力。

本项目涉及沪教版一年级数学教材与人民币相关的内容，恰好与中国历史中关于人民币历史探索相关。结合我校已有的青浦世外校园"货币"（以下简称"青币"）在使用中发现货币来源与流通方面需要解决的问题。数学教研组以"如何利用对人民币的认识制作一套能在青浦世外流通的'货币'？"为驱动问题，学生在理解货币的作用与意义、认识人民币及其演变过程中，探究能够流通的货币具备的要求与特征。学生以小组为单位创造一套在青浦世外流通的"货币"，最终投票选出最佳"货币"。

二、对应课程内容和标准

1. 课程内容

"人民币的前世今生"主要涉及沪教版数学九年义务教育课本一年级第二学期"100以内数的认识"单元中"认识人民币"的内容。

2. 课程标准

依据涉及的课程内容，在设计项目时仔细研读了相关的课程标准，从而使数学学科项目化的设计能够促进学生的数学核心素养发展。

《义务教育数学课程标准》（2022年版）与项目相关的内容要求是：在主题活动中认识货币单位，积累数学活动经验，形成初步的量感和应用意识。

《上海市小学数学学科教学基本要求》对本项目的基本要求是：

（1）认识人民币，知道人民币的单位——元、角、分，以及它们之间的进率。

（2）初步体会人民币在社会生活、商品交换中的功能和作用，并懂得爱惜人民币。

三、问题和任务框架

1. 本质问题

本项目以数学学科人民币的相关知识为学习背景,以创造在青浦世外流通的货币为学习情境,确定本质问题为:人民币的面值、单位与作用是怎样的?

2. 驱动问题

如何利用对人民币的认识制作一套能在青浦世外流通的"货币"?

3. 核心任务

设计并制作在青浦世外流通的"货币"。

4. 问题链

为完成核心任务,解决驱动问题与本质问题,本项目设计以下子问题(图1)。

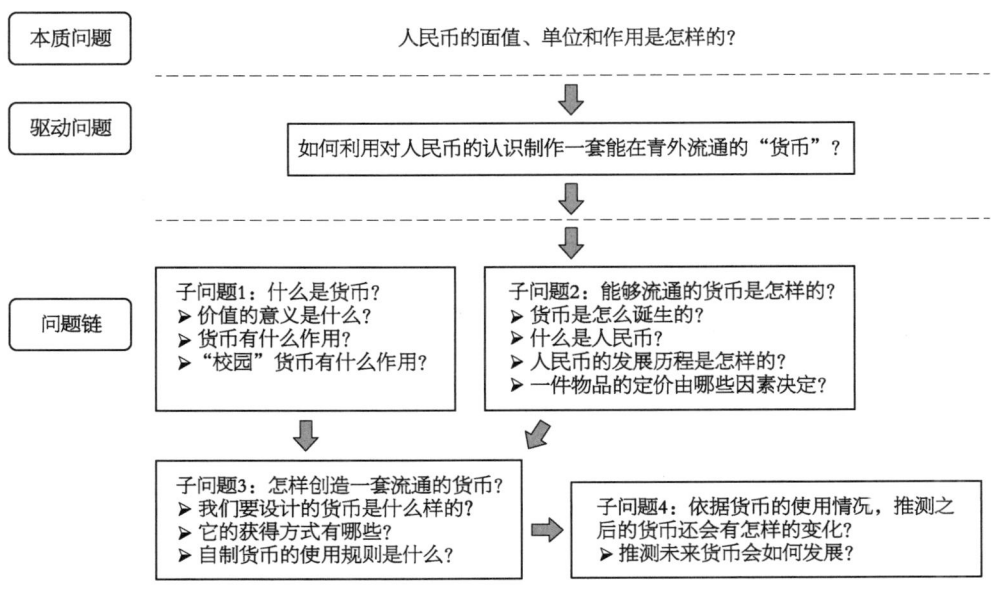

图 1　项目问题链

(1) 什么是"货币"?
(2) 能够流通的货币是怎样的?
(3) 怎样创造一套流通的货币?
(4) 依据货币的使用情况,推测之后的货币还会有怎样的变化?

5. 任务群

依据项目的问题链设计,以核心任务为中心,设计任务群(表1)。本项目共分为启动项目提出问题、知识能力建构、公开成果、完善反思4个任务环节,在每一环节设计相应的活动。

表1 项目任务群

人民币的前世今生			
核心任务:设计并制作在青浦世外流通的"货币"			
任务1:提出问题	任务2:知识能力建构	任务3:公开成果	任务4:完善反思
活动1:以物换物 活动2:观察青币,认识青币 活动3:明确任务及需要学习的内容	活动1:梳理货币的历史 活动2:认识人民币并探究其演变 活动3:展开调查,了解物品的定价方式	活动1:设计货币,包含制定货币的获得方式及使用规则 活动2:展示并选出流通的货币	活动1:收集反馈,完善流通的货币 活动2:头脑风暴——推测未来货币的发展

四、学习目标

(1) 通过"以物换物"游戏体验,发现不同物品与服务都具有价值,并且对于不同的人价值感是不同的,从中理解价值的意义,初步感受流通性货币的作用。在对现有"青币"的外观(纹样、图案)讨论与使用中,产生设计并制作在青浦世外流通"货币"的强烈内驱力,并以此驱动项目,明确项目的核心任务。

（2）通过观看视频、阅读资料、调查等方式，了解货币的起源，认识人民币的面值，探究其演变过程与流通方式。在实际调查访谈的过程中，了解市场物品的定价方式，与人民币的流通方式建立内在联系，增强数学的符号意识和数据意识。

（3）通过小组合作，以小组为单位设计富有意义的校园货币，并配套制定货币的获得方式与使用规则，发展创新意识和应用意识。

（4）通过听取使用流通货币的同学和教师的建议，进一步完善流通的校园货币；同时，反思整个项目的学习经历，推测未来货币的发展情况。

五、项目过程

本项目依据启动项目提出问题、知识能力建构、公开成果、完善反思 4 个任务环节，设计项目实施过程。

（一）提出问题

活动 1：以物换物

（1）邀请每位同学从家中带一件生活中的物品或者在纸条上写下一件愿意为同学做的事（例如陪伴某位同学做一天的值日生），在学校里与同学进行互换。

（2）开展 2 轮交换物品的活动。

（3）交流讨论：在互换物品的过程中，你都换到了哪些物品？分析并分享最终保留手中物品的原因。在活动中遇到了哪些问题？你是否解决了这些问题？若解决了，你是如何解决的？如果没有解决，遇到了什么困难？

（4）发现不同物品与服务都是具有价值的，我们需要有一个具体的"标准"来对物品或服务的价值进行衡量，明确流通货币的重要性与作用。

活动 2：观察"青币"，认识"青币"

（1）认识不同面值的"青币"，观察"青币"的纹样、图案。

（2）梳理进入小学以来所有获得和使用"青币"的途径。

(3) 引导同学们对"青币"的由来进行发问,交流青币在实际使用过程中遇到的问题。

活动3:明确任务及需要学习的内容

(1) 提出驱动问题:如何利用对人民币的认识制作一套能在青浦世外流通的货币?

(2) 明确核心任务:设计并制作一套能在我校流通的货币。

(3) 明确下一步需要探究的任务:能够流通的货币特点是什么?

(二)知识能力建构

活动1:梳理货币的历史

学生以小组为单位,通过观看资料包中的视频,阅读文字材料等方式,探究货币的功能与作用,追溯货币的过去,知道人类历史上最早是以物换物的时代,经历了贝、铜币、交子、元宝、银票、银元等古货币,才有了人民币的诞生。在此过程中,完成任务单(图2)。

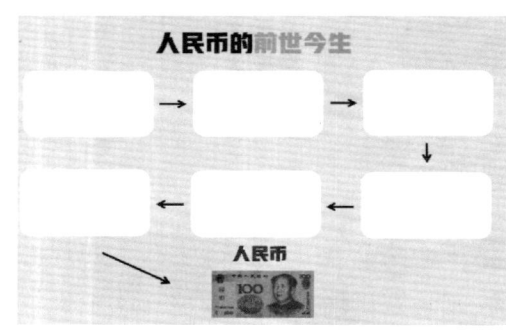

图2 任务单

活动2:认识人民币并探究其演变

(1) 通过视频讲解、实物观察、动手触摸等方式,进一步认识目前我国正在使用的第5套人民币,知道人民币的单位——元、角、分以及它们之间的进率。

(2) 出示第4套人民币,观察比较两套人民币之间的相同点与不同点。随之,比较前3套人民币,探究每两套人民币之间的变化以及变化背后的原因,发现货币上图案、面值的变化都与社会的背景与发展相联系。

活动3:展开调查,学习物品的定价方式

(1) 通过网络查找,展开社会面调查,发现同一物品在不同地方的售价不同,但是大部分情况下定价相差甚微。

(2) 通过校园内采访大队辅导员以及各学科教师对于奖品的定价思路,发现不同老师对于同类物品的定价各不相同,有些甚至相差甚远。访问教师对于具体物品的定价及其背后原因,记录并完成调查表(图3)。

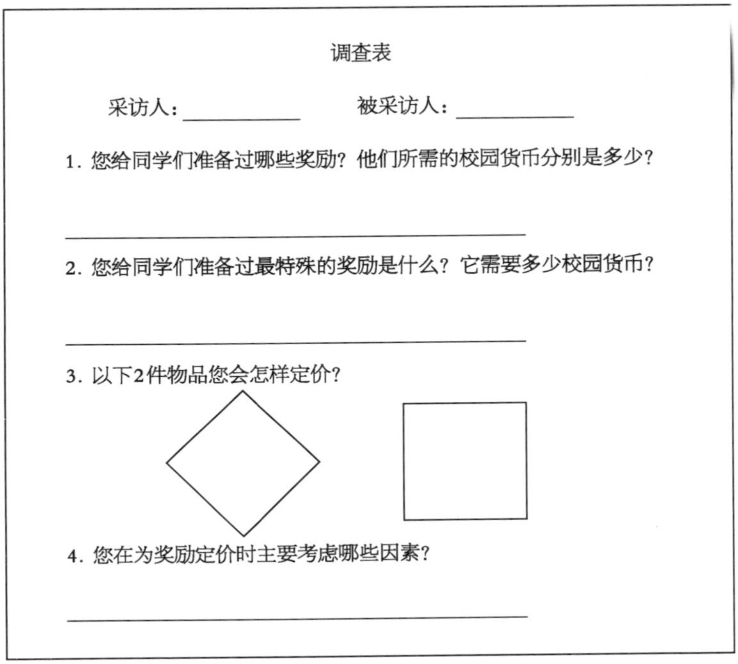

```
                        调查表
        采访人:_____    被采访人:_____
    1. 您给同学们准备过哪些奖励?他们所需的校园货币分别是多少?
       _____
    2. 您给同学们准备过最特殊的奖励是什么?它需要多少校园货币?
       _____
    3. 以下2件物品您会怎样定价?

           ◇              □

    4. 您在为奖励定价时主要考虑哪些因素?
       _____
```

图 3　调查表

(3) 师生讨论,确定合理的定价方式,写信给教师提出改进建议。

(三) 公开成果

活动1：设计货币,并制定货币的获得方式及使用规则

(1) 师生互动问答,回顾已有人民币的知识,复习人民币的单位元、角、分以及不同单位间的进率。

(2) 全班师生共同讨论,确定我们要设计货币的标准,包含货币的单位、货币的获得方式和货币的使用规则。

➢ **校园货币的单位**：经统计,大部分班级的同学认为可以遵循人民币的单位体系,沿用十进制作为校园货币的进率,小部分同学采用特殊进制,例如5进制、7进制,最终确立1点、1星、1块等作为校园货币的单位。

➤**校园货币的获得方式**:主要来源于各学科教师和大队部,只有学科教师和大队部才有权发放校园货币。

➤**校园货币的使用规则**:经统筹,确立使用校园货币应以诚信为本。首先,货币是青浦世外为了表彰学生而特别印制的,需盖有学校印章才有效,只在校园内使用,并没有任何现金价值。然后,学生可根据教师或学校的兑换规定,按照一定数量来兑换礼品,礼品数量以实际为准,学校或教师不保证每位持有校园货币的学生都可以兑换到礼品。最后,校园货币是不记名货币,需要学生个人妥善保管,遗失或损坏不予补偿。

(3)每一小组结合人民币的相关知识,参考人民币的设计思路,确立本组校园货币所需设计的面值。为凸显每套货币的一致性,统一每一张设计的货币上必须包含的共同元素,例如班徽、吉祥物、个性装饰等。

(4)以小组为单位,分工合作,自由设计创造。

活动2:展示并选出流通的货币

(1)各小组学生一同向全班其余同学展示并介绍他们设计的校园货币,包含但不限于交流设计思路、分工安排、独特之处等。

(2)各组将设计成果集中展示在班级中,每位同学在听取全部小组完整介绍后,根据制定的校园货币评价标准,投票选举本班最受欢迎的校园货币。

(3)在青浦世外的"数学博物馆"中展出各班的最佳校园货币,最终由同学和老师一同选出的最佳校园货币将定稿印刷。

(四)完善反思

活动1:创设问题墙,收集意见

(1)由大队部牵头,各学科教师落实新版校园货币体系。在日常校园生活中,流通使用新版校园货币。

(2)与此同时,在小学部大厅设立问题墙,为期1个月,向全体师生征集新版货币使用过程中遇到的问题,或者优化新版货币体系的建议。

活动2：头脑风暴

（1）将收集到的所有问题和建议整合、归类，以班级为单位，师生一同分析产生问题的原因，商讨能够有效解决问题的方法。

（2）回顾本项目中所学的知识、技能以及解决问题的历程，交流各自的经历与感受，包含但不限于遇到了哪些问题，我们是如何解决问题的？发生了什么有趣的事情？学到了哪些知识和技能？

（3）畅所欲言：结合已有学习收获和实际生活中货币体系，推测我国未来货币的发展情况。

六、项目成效

借由青浦世外"数学周"的活动背景，进行了此次学科项目化的设计与实践，发现项目式学习在数学教学中确实有诸多优势。

（1）提高学生的学习兴趣和参与度。与传统课堂不同，大家对于数学知识的学习兴趣显著提升，孩子们都能主动地进行探究、协商合作解决问题。在项目开展的过程中，学生不断发表自己的观点和想法，充分给予孩子们自主权来探索和解决问题。

（2）促进课程与生活的联系。通过这个项目，成功地将课程中的知识和技能与现实生活中的主题和问题联系起来，使学生更好地理解所学内容，并能在实际生活中应用。情感的传承也更自然，学生能够深入研究我国人民币的相关内容，更加全面地了解人民币，产生爱惜人民币的情感，深耕"中国心"的种子。在学习的过程中许多同学赞叹道，"人民币的历史真悠久！""人民币的作用可真大！""是谁发明了人民币？真是太了不起了！"孩子们对我国先辈们的智慧赞美不已，产生了爱惜人民币的想法。

（3）培养学生的自主学习能力。在项目过程中，学生获得了一些指导和支持，例如在"以物换物"的活动过程中，学生能够通过实际体验，理解"价值"这样抽象的词。通过自己在"学习包"中搜寻资料与组员分享，认识不同面值的人民币，知道人民币的单位元、角、分以及它们之间的进率等，这一系列的学习经历会帮助他们学会如何通过学习解决问题，这将有助于他们在未来的学习和职业生涯中获得成功。

经过参与课程设计和实际授课老师的反馈，一致认为此次项目增进师生之间的交流和合作。开展这个项目需要老师与学生进行定期的交流和合作，这有助于建立更密切的师生关系，促进了双方之间的交流和合作。通过这个项目，老师们可以更好地了解学生的需求和想法，并能在教学中做出相应的调整和改进。同时，参加完整项目的学生和教师均明显感觉自信心和自尊心得到提高。当看到学生在完成这个项目时取得了良好的成绩和表现时，老师们也会感到非常自豪，进一步学习和成长，提高自己的专业水平和能力。

七、项目反思

本项目从设计到实践，经历了对教材的研读，对现状的分析，对中国传统文化植入项目式学习的思考。在获得成效的同时，教师对于整个项目也进行了思考。

（1）学科项目式学习需注重学科特色。作为数学的学科项目，项目更具数学特色，相对于展开对货币历史的认识，教研组增加了对比5套人民币异同点的比重，让学生可以更好地认识与理解人民币，锻炼思维能力，也更加直击学科标准，提高数学学科核心素养。

（2）项目式学习的情境需要更真实。目前，小学生在日常生活中实际接触到人民币的机会其实是相对较少的，更多需要支付的场景也都是父母电子支付为主，所以真实钱币的使用对于他们来说是比较陌生的，加上购物经验的缺乏，对于生活中实物的价值判断也较为模糊。"青币制造"的项目虽然与现实生活相关，但它的情境可能并不真实，学生遇到的情况大部分过于理想化，例如在校园货币的流通过程中，同学们往往是具体数量的校园货币兑换相应数量要求的服务或物品，这并不能完全反映现实中的人民币使用情况，因为在实际生活中还有商品打折促销的情况，或者是买卖双方讨价还价的行为。

因此，在之后实施项目的过程中，可以增加校园爱心义卖的活动，请学生自己带物品到校或是当场提供服务。在爱心义卖的活动中，学生既要作为卖方，体验为商品或服务定价的过程，也能作为买方，体验购物的过程，初步建立生活中常见物品价值的量感，积累议价的宝贵生活经验。这样，才能在足够真实的情境中利用校园货币完成交易，提高学生的参与度和项目的效果，让校园货币更好地流通，进一步发挥它的价值。

案例 2
掂轻不怕重

上海青浦区世外学校　付琳超

一、项目背景

从"曹冲称象"到各种各样的体重秤、体脂秤，从古至今，对质量的理解与人们的生活息息相关。随着科技发展，越来越精准的称量工具问世，物体的质量可以轻而易举地获得，使得学生对质量的认识渐渐停留在"数据表面"，缺少对实际物体质量的感知。

2022年4月，国家教育部颁布新义务教育课程方案，其中明确指出义务教育数学课程应使学生通过数学的学习，形成和发展面对未来社会和个人发展所需要的核心素养。课程以学生发展为本，核心素养为导向，进一步强调学生获得数学基础知识、基本技能、基本思想和基本活动经验，同时发展运用数学知识与方法发现、提出、分析和解决问题的能力，在此过程中形成正确的情感、态度和价值观。

基于新方案与新课程标准，数学教研组围绕青浦世外"中国心、世界眼、未来脑、创新手、时代行"的15字目标，围绕"中国心"这一主题，深挖教材中的"中国"元素，将新方案与新课标的理念融入"质量"相关的主题，培养学生的量感，初步形成推理意识。

《质量的初步认识》是沪教版数学教材二年级上册第五单元的内容，其中的"称量"可以衍生至对中国古代称量工具的认识，尽管当今市场已少用天平与杆秤,但这类与学生生活关联,又可以激发学生的学习兴趣,发展实践能力和创新素养的学习载体,给予教研组基于中国传统文化培养学生量感的灵感。为此,以"掂轻不怕重"为主题开展项目设计与实施。

本项目即以"如何比较两个物体的重量?"为学科本质问题,展开对中国从古至今的称量方式与工具的研究,并利用直接比较与间接推理的方式比较两个物体的重量,在过程中认识了重量单位,以对中国传统称量工具的探索呈现对称重的原理及相关知识与技能的获取。

二、项目设计

(一) 对应课程内容和标准

1. 课程内容

"掂轻不怕重"在数学学科方面主要参考的是沪教版数学教材二年级上册第五单元"质量的初步认识"的课时。

2. 课程标准

依据涉及的课程内容,在设计项目时仔细研读了相关的课程标准,从而使项目的设计能够促进学生数学核心素养的发展。

《义务教育数学课程标准》(2022年版)与项目相关的内容要求是:会针对真实情境选择合适的度量单位进行度量,会在同一度量方法下进行不同单位的换算。

《上海市小学数学学科教学基本要求》对本项目的基本要求是:

(1) 能根据实际需要,直接或间接对物体的重量进行比较,使用逻辑推理进行比较。

(2) 通过制作"简易天平"的活动,会比较物体的重量。

(3) 通过称量活动,认识重量单位克、千克,初步建立对1克、1千克的量感;了解克与千克之间的进率关系:1千克=1 000克;初步知道质量的加法性,能够进行简单的计算。

（4）能够正确地测量物体的重量并记录；培养提高操作能力、探究能力和归纳能力。

（二）问题和任务框架

本项目的问题与任务框架从本质问题、驱动问题、核心任务与问题链展开剖析后，依据问题链设计相应的任务群（图1、表1）。

1. 本质问题

本项目以对物体的可测量属性及大小关系的直观感知为整体背景，涉及重量相关知识。确定本质问题为：如何比较两个物体的重量？

2. 驱动问题

如何利用简易材料设计一个能够比较生活中不同物体重量的工具？

3. 核心任务

设计简易并能直观比较物体重量的称量工具。

4. 问题链

为完成核心任务，解决驱动问题与本质问题，本项目设计以下子问题：
（1）古时的人们如何称量像大象一样重的物体？
（2）如何正确表示物体的重量？
（3）怎样使称量工具变得简单、方便使用？
（4）如何展示称量工具的示意图？

5. 任务群

依据项目的问题链设计，以核心任务为中心，设计任务群。本项目共分为启动项目提出问题、知识能力建构、公开成果、完善反思4个任务环节。

第四章 "中国心系列课程"项目案例——数学篇

本质问题：如何比较两个物体的重量？

驱动问题：如何利用简易材料设计一个能够比较生活中不同物体重量的工具？

问题链：

子问题1：古时的人们如何秤量像大象一样重的物体？
- 为什么大象的体重在古时候很难称量？
- 想称量大象的体重，需要哪些条件？

子问题2：如何正确表示物体的重量？
- 表示物体重量的单位有哪些？
- 这些重量单位的意义及其关系是什么？

子问题3：怎样使称量工具变得简单、方便使用？
- 称量工具的工作原理是什么？
- 哪些因素会影响称量工具的使用？

子问题4：如何展示称量工具的示意图？
- 怎样用小报等美术技术绘出设计示意图？

图 1　项目问题链

表 1　项目任务群

掂轻不怕重			
核心任务：制作简易并能直观比较物体重量的称量工具			
任务1：提出问题	任务2：知识能力建构	任务3：公开成果	任务4：完善反思
活动1：在古时候为什么大象的体重难称量 活动2：要称量大象的体重，需要哪些条件 活动3：明确项目任务（分析驱动问题，理解核心任务，制定初步计划与标准）	活动1：探究比较物体重量的方法 活动2：探究测量物体重量的工具 活动3：了解表示物体重量的单位，初步建立1千克的量感 活动4：探究中国古代比较物体重量的工具与称量单位 活动5：动手制作一个简易的比较物体重量的工具	活动1：利用自己制作的称量工具进行物体重量的比较 活动2：绘制我所了解的称量工具海报	活动1：反思并完善 活动2：反思并迁移

三、项目目标

（1）通过"曹冲称象"的故事引导学生思考关于古时候大象称重难的相关问题，引发学生对"质量单位、称重工具"的学习，同时研讨并制定初步计划与相应标准，以此导向任务的达成。

（2）通过动手操作、网络调查、互相交流等方式，充分结合学生生活中对各种物品质量的经验，帮助学生感受"物体轻、物体重"。不同物品应该用合适的单位来表示，进而理解克、千克等常用质量单位的意义及其关系。

（3）通过交流展示的活动，帮助学生利用已建构的知识与技能完善称量工具，并以此制作展示海报，通过小组交流进行展示交流评价的活动，形成依照标准进行评价的意识。

（4）通过反思同学们在交流会中给予的评价，完善称量工具的设计；同时，通过反思对中国古代称量工具的探索经历，对自身随着中国古代人民的步伐获得关于称量的知识与技能的经验性回顾，设想将对于它们的认识运用于理解并解决生活中的其他数学问题。

四、项目过程

本项目依据启动项目提出问题、知识能力建构、公开成果、完善反思 4 个任务环节，设计项目实施过程。

（一）提出问题

"曹冲为何因为称出了大象的重量而被大家称赞"，在这个问题的激发下，学生交流和查询古时候人们称量像大象一样重的物体所遇到的困难，探索曹冲称象的方法以及称量大象体重所需要的条件；在阅读、整理、分析材料得知在古时候人们称量很庞大的物体是非常困难的，这是称量工具的不发达所致。从中，学生感受到称量工具的重要性，借此提出"如何制作一个简易的称量工具？"的问题，并在讨论中明确"设计简易称量工具的示意图"，根据任务制定了计划和初步评价标准。

（二）知识能力建构

学生根据制定的计划，以小组为单位，通过合作与分工，分别查阅与古时候称象相关的资料，了解称量的原理。在此过程中，得知在古时候人们没有办法制造可以称量大象的秤，而且没有大力士可以提起这杆秤，同时发现曹冲称象的原理是等量代换。

随后，又在对从古到今各种各样"秤"的研究中发现大多数秤的工作原理是杠杆原理。根据需要比较不同重量的两个物体的特点，选择合适的材料，制作一个简易的称量工具。

接着利用电子秤准确称出物体的重量并进行记录。通过掂一掂、估一估、称一称，想办法得到教室内各类物品的质量，经历度量、体会误差、归纳估测的过程，丰富并发展学生的量感。

最后，根据收集的资料以及称量工具比较物体重量的结果，完成《掂轻不怕重》的关于称量工具设计的海报设计。

（三）公开成果

本阶段学生需要依据称量工具的要求修订评价标准，明确一个操作简单的称量工具所具备的标准，根据要求对组内称量工具进行完善与调整，利用手边的物体进行二次测量比较，并记录结果。

最后，以小组为单位进行展示，各个小组在每个小组演说后，需根据共同制定的评价标准进行评估，并提出相应的修改意见。

（四）完善反思

项目最后，小组根据评价完善称量工具及其研究的海报，并制作公众号进行发布与宣传。同时，回顾本项目中所学的知识、技能以及解决问题的历程，介绍经历与感受。同样，同学还要思考：如果要比较两个物体的长度，我们可以用哪些类似的办法？在本项目中我们是如何探索关于称量工具的问题，获得的知识与技能是否能解决其他的数学问题，从而形成迁移的意识。

五、项目成效

从学生的项目成果"称量工具研究小报"展示会上,可见学生能够通过小组内的沟通合作,通过称量等具体活动,建构质量概念与单位、常见数量关系、等量相等的知识与技能,并且能够基于标准展开表达与交流,完成本次的核心任务。

在项目反思阶段,许多学生的发言体现了他们的收获不只限于对数学知识的理解,如"在古代条件那么艰苦的情况下,人们遇到问题都没有放弃,而是积极想办法面对,这种不畏艰难险阻的精神值得我学习""曹冲真厉害,当时只有 6 岁,却解决了许多大人都没有解决的问题""如果当时不用曹冲的方法,有没有其他的办法可以称出大象的体重呢""通过这次活动我发现数学还可以这么好玩,以前一直弄不清楚的重量单位我现在终于知道了,1 千克就是 2 袋食盐的重量,以后再也不会因为填错重量单位闹笑话啦"等等。从这些话语中我们不难看出,学生在探究重量、称量工具以及重量单位的过程中,对中华民族优秀的传统文化产生了更深的认同感与自豪感。

六、项目反思

本次深挖教材中的"中国"元素为背景的活动项目的设计与实践,引发了对未来数学教学的一些思考。

数学是研究数量关系和空间形式的科学,数学不仅是运算和推理的工具,还是表达和交流的语言,数学承载着思想和文化,是人类文明的重要组成部分。所以数学学科教学也可以立足学生核心素养发展,集中体现数学课程育人价值。如本项目就涉及中国优秀传统文化的传播,培养学生从数学角度观察现实世界的意识与习惯,发展好奇心、想象力和创新意识。

通过数学知识与生活世界的广泛联系,实现数学知识与生活经验的互通,在利用数学知识不断发现、提出问题、分析和解决问题的过程中,产生主动探究的欲望,形成学习数学的内驱力;通过项目式学习,产生丰富的体验,形成有意义的认识。虽然学生只有二年级，但是通过对数学知识的挖掘，学生可以了解数学知识的来龙去脉，感受数学的基本思想和方法，感受数学思维方式的力量，并利用数学的思想和方法逐渐建立独特的发现方法和理性思维策略，建立判断与选择的自觉意识，形成基本的数学素养。在本项目的学习中，渗透了类比的思想、转化的思想等。

案例 3
中国古代计算工具

上海青浦区世外学校　徐志伟

一、项目背景

在距今很遥远的时代，人们用木头、兽骨、象牙等作为材料制作一种"算筹"的工具，随身携带以便在买卖中计数；随着买卖形式的增加，算筹的功能逐渐发展，"算盘"出现于人们的生活，它的简便与快速运算特征为中国数学史增添了精彩的景象，成为人类非物质文化遗产。随着人类文明的进步，计算工具不断被迭代更新，当学生们以电脑、平板、计算器等作为便利工具时，应该对它们的进步迭代的历史加以研究，从而理解人类计算本领的发展，更能够在博览中国发明中树立民族自豪感。为此，数学教研组便以"中国古代计算工具"为主题，与同学共同展开探索。

2022年4月，国家教育部颁布新版义务教育课程方案，着重强调厚植爱国主义精神，弘扬优秀传统文化。同时，在《义务教育数学课程标准》(2022年版)中明确指出要"落实立德树人根本任务""坚持德育为先""将中华优秀传统文化等重大主题教育有机融入课程""强化课程育人导向""增强内容与育人目标的联系"，培养学生用数学的眼光观察现实世界，用数学的思维思考现实世界，用数学的语言表达现实世界的能力。

基于新方案与新课程标准，数学教研组围绕青浦世外"中国心、世界眼、未来脑、创新手、时代行"的15字目标，制定了相应的学科目标。在"中国心"这一维度中,强调培养学生会运用"数"描述生活情境中事物的特征,传播数学中的中华优秀传统文化。于是,围绕"中国古代计算工具"主题,数学教师将新方案与新课标的理念融入本次项目设计之中。

小学阶段的教材中关于计算工具的内容主要在二年级第二学期《千以内数的认识与表达》单元和三年级第二学期《计算器》单元。其中,《计算器》单元先对古今计算工具的发展过程进行简单介绍,然后再对计算器和简单计算器的初步使用方法进行介绍,第一部分的内容为本次研究的重点内容。

本项目以"如何为中国古代计算工具制作一份使用说明书?"为驱动问题,学生通过阅读资料、观看视频、上网查找等方式,了解中华民族历史上的计算方法和计算工具在中国古代的发展过程,并制作相应计算工具(算筹或算盘)的纸质或电子使用说明书。

二、项目设计

(一) 对应课程内容和标准

1. 课程内容

"中国古代计算工具"在数学学科方面主要参考沪教版九年义务教育教学课本三年级第二学期(试用本)第五单元中"从算筹到计算器"这一课时的内容。《教学参考资料》中指出本节课属于"拓展内容,主要是向学生介绍计算工具的发展过程、简单历史;使学生进一步认识算盘,初步了解珠算的计算方法……学生通过了解计算工具发展的简单历史,展示人类伟大的创造和聪明才智,体会创造源于需要,激发探究精神和创造欲望。"

2. 课程标准

依据涉及的课程内容,在设计项目时仔细研读了相关的课程标准,从而使项目的设计能够促进学生数学核心素养的培养。

《义务教育数学课程标准》(2022年版)与项目相关的内容要求是:了解十

进制计算法；逐步形成数感、运算能力和初步的推理意识。

《上海市小学数学学科教学基本要求（试验本）》对本项目的基本要求是：逐步认识数以及运算来源于生活，并有广泛的实际应用。

（二）问题和任务框架

本项目的问题与任务框架从本质问题、驱动问题、核心任务与问题链展开剖析后，依据问题链设计相应的任务群（图1、表1）。

1. 本质问题

本项目以数学学科的育人价值为整体背景，数学涉及计算工具相关知识，信息科技涉及信息检索、多媒体表达等技能，确定本质问题为：数学工具的产生如何影响大家对数学问题的研究？

2. 驱动问题

如何制作一份能让更多人了解中国古代计算工具使用与发展的说明书？

3. 核心任务

了解计算工具的演变过程，制作中国计算工具（算筹或算盘）的使用说明书。

4. 问题链

为完成核心任务，解决驱动问题与本质问题，本项目设计了以下子问题：
（1）古代的计算工具是如何演变的？
（2）这些工具对生活生产有什么样的影响？
（3）如何设计一份简洁易懂的工具说明书？

5. 任务群

依据项目的问题链设计，以核心任务为中心，设计任务群。本项目共分为启动项目提出问题、知识能力建构、公开成果、完善反思4个任务环节。

本质问题	数学工具的产生如何影响大家对数学问题的研究?
驱动问题	如何制作一份能让更多人了解中国古代计算工具使用与发展的说明书?

问题链：

子问题1：古代的计算工具是如何演变的？
▶ 计算工具经历了哪些发展过程？
▶ 这些工具的利与弊是什么？

子问题2：这些工具对生活与生产有什么样的影响？
▶ 假如没有这些计算工具，古人的生活生产会有哪些变化？
▶ 这些工具对现代社会有什么样的影响？

子问题3：如何设计一份简洁易懂的工具说明书？
▶ 说明书由哪些元素组成？
▶ 如何让更多人读懂我的说明书？

图 1　项目问题链

表 1　项目任务群

中国古代计算工具使用说明书			
核心任务：了解计算工具的演变过程，制作中国计算工具（算筹或算盘）的使用说明书			
任务1：提出问题	任务2：知识能力建构	任务3：公开成果	任务4：完善反思
活动1：了解人类祖先计算工具和方法 活动2：查阅、搜索中国古代计算工具 活动3：明确项目任务（分析驱动问题，理解核心任务，制定初步计划与标准）	活动1：了解算筹和算盘的历史和相关知识 活动2：探究算筹和算盘的计算方法，尝试用算筹和算盘解答生活问题 活动3：查阅各类使用说明书，了解计算工具使用说明书的结构	活动1：制定评价标准 活动2：绘制中国古代计算工具的使用说明书 活动3：召开使用说明书"招标会"	活动1：反思并完善 活动2：反思并迁移

三、项目目标

（1）通过感受新石器时代的人类祖先在发明文字之前对计算的需要，了解人类祖先的计算方法，展示人类伟大的创造和聪明才智，体会创造源于需要。知道计算工具的发展简史，感受数学在中国的发展源远流长、成就辉煌，体会数学与现实生活的联系。

（2）通过阅读资料、观看视频、上网查找等方式，了解中国古代计算工具（算筹和算盘）的历史和相关知识，掌握算筹和算盘的计算方法，并能解答简单的问题。同时，查阅各类使用说明书，了解计算工具使用说明书的结构，为中国古代计算工具使用说明书的制作做好知识技能的储备。

（3）通过评价先行，引领成果的方式，帮助学生运用已建构的知识与技能修订评价标准，并以此制作中国古代计算工具使用说明书，并在班级内召开使用说明书招标会，在此过程中形成依照标准给予评价的意识。

（4）通过反思同学们在招标会中给予的评价，完善使用说明书。同时，通过反思探索计算工具在中国发展历史长河中演变过程的经历，产生对其他工具研究的兴趣，并能够使用本项目中形成的能力展开后续的研究。

四、项目过程

本项目依据启动项目提出问题、知识能力建构、公开成果、完善反思 4 个任务环节，设计项目实施过程。

（一）提出问题

学生搜索有关人类祖先计算方法的网络资料，了解手指计数、石子计数、结绳计数和契刻计数的方法，对比分析各种方法的优缺点，并进行记录。然后，自主探究中国古代计算工具的发展，感受人类的伟大创造和聪明才智，激发探究精神和创造欲望。

此时，提出"如何为中国古代计算工具制作一份使用说明书？"的问题，并在讨论中明确任务"了解计算工具的演变过程，制作中国计算工具（算筹或算盘）的使用说明书"，根据任务制定计划表与初步评价标准。

（二）知识能力建构

学生按照计划，以小组为单位观看提供的算筹和算盘的视频，查阅相关资料，了解算筹和算盘的历史和相关知识，进一步认识十进制，知道算筹和算盘都是中国古代的计算工具。其中，算筹早在2 500多年前的春秋战国时期就已普遍使用，而珠算则是中国古代数学在计算方面继筹算之后的又一项重大发明，被列为非物质文化遗产。

在了解算筹和算盘的知识之后，借助视频讲解探究算筹和算盘的计算方法，尝试解答简单的算式或实际问题。畅想古人在没有这些工具时，遇到了哪些问题？在什么样的情况下他们发明了这样的工具？

然后，动手寻找身边的各种使用说明书，自主探究使用说明书需要包括的内容，通过交流讨论总结出计算工具使用说明书应该包含的元素和结构。接着，小组合理分工为算筹组和算盘组（每组内两人组成一个小组），准备制作相应的使用说明书。

（三）制作成果

本阶段学生需要按照"如何制作一份能让更多人了解中国古代计算工具使用与发展的说明书？"的问题修订评价标准，明确一份使用说明书具备的要素，随之根据标准在组内进行设计与制作，并进行说明书讲解的训练。

最后，在班级内分别召开算筹和算盘使用说明书的招标会，小组轮流将使用说明书放置于桌面，并向另一组进行介绍。另一组所有同学需根据共同制定的评价标准进行投票，并提出相应的修改建议。

（四）完善反思

项目最后，小组根据评价进一步完善自己的使用说明书。回顾在本项目中所学的知识、技能以及解决问题的历程，介绍经历与感受。回归本质问题的讨论和交流：历史上还有哪些数学类工具，它们对数学研究有哪些方面的意义？

五、项目成效

在抽签分组之后,学生根据项目任务要求设计并制作了相应的中国古代计算工具使用说明书。从班级内的招标会可以发现学生能够通过自主探究和小组合作的方式,初步了解计算工具的演变过程,认识了中国古代计算工具(算筹和算盘)并掌握了其使用方法,感受到了数学在中国的发展源远流长,并能依据制定的评价标准进行使用说明书的招标,完成了项目的核心任务。

在项目反思阶段,学生纷纷表达"古代的中国人实在是太聪明啦!""算筹和算盘竟然还能加减乘除,简直是低碳环保版的计算机呀!""万万没想到,祖冲之竟然能用简单的算筹计算出那么复杂的圆周率。""我们的算盘还传到了日本、东南亚等国家,这在当时一定被看作是高科技吧。"等等。从这些话语中,可以感受到学生在本项目探索中被中国人发明的计算工具所震撼,并为此感到自豪。

六、项目反思

立德树人是教育的根本任务,通过为中国古代计算工具设计使用说明书的项目化学习,学生不仅获得了有关算筹和算盘的知识与技能,还知道了计算工具的发展过程和简单历史,感受到了人类伟大的创造能力和聪明才智,发现我国古代数学的辉煌历史。在设计与实践的过程中,教师们也有所感触。

(1)项目的设计需要关注学生探究的兴趣。项目开展和推进的主体是学生,学生在驱动问题的指引下解决一系列子问题,完成核心任务下的一个个分任务。问题解决的成效很大程度上取决于学生的探究兴趣,在项目设计时老师要充分考虑学生参与活动的意愿,不断激发其探究的欲望。例如,在本项目中就为学生创建了一个问题情景:"计算是生活的需要,生活离不开计算。中国古代的账房先生是怎样算账的呢?你能化身为古代的账房先生为以前的计算工具制作一份使用说明书吗?"这样的情景能赋予学生特殊的身份,增强其参与项目的责任感和使命感。

（2）项目的实施需要给予学生足够的自主权。项目式学习不同于传统的课堂知识学习，学生在完成项目的方式方法上应该拥有足够的自主权。项目的内容只是培养学生核心素养的载体和支架，项目式学习最终要落脚于解决本质问题。而本质问题的解决常有多种途径，这就需要在项目实施的过程中充分给予学生自主权，让学生获得足够的探究空间。例如，本项目在解决每个子问题时，都让学生有自由时间和空间去进行自主探究，不局限于老师提供的材料。此外，关于评价标准的讨论和确定，也都是学生集体商议的结果。

案例 4

规"直"矩"正"

上海青浦区世外学校　盛玮莉

一、项目背景

不论是古时雕梁画栋的房屋,还是现代鳞次栉比的高楼,在建造时无不需要测量"直"与"正"。在我国春秋时代,鲁班营造尺则是被发明用于测量房屋建造"直"与"正"的工具。可见,中国从古时起,面对生活中的问题便创造发明了相应的数学工具。让学生认识到这些工具的产生以及它们为人们解决问题的实际意义,能够促使学生将生活与数学联系起来。恰逢此时新春佳节,家家户户都要贴福字,这便也遇到了"直"与"正"的问题,在生活中"如何寻找合适的数学工具确定物体的摆放位置"成为本次探索的主题来源。

2022年4月,国家教育部颁布新义务教育课程方案,其中着重强调注重培养爱国情怀、创新与实践能力等。同时,在《新义务教育数学课程标准》(2022版)中,明确指出课程以学生发展为本,以核心素养为导向,在内容选择上关注数学学科发展前沿与文化,继承、弘扬传统文化,在实践与体验中促进学生对数学方法的应用,获得活动经验。

基于新方案与新课程标准,数学教研组围绕青浦世外"中国心、世界眼、未来脑、创新手、时代行"的15字目标,制定了相应的学科目标。在"中国心"这一维度中,着重指明了解中国古代数学家的杰出贡献,并运用所学解决生活中面临的数学问题。围绕"贴福字"的"直"与"正",学校数学教研组将中国古代的测量工具融入项目式学习的设计，与学生共同研究"测量工具"的应用。

本项目涉及沪教版数学四年级"垂直、平行"相关的内容，教材中呈现建筑工人用角尺画垂线、平行线的图文内容，体现与本项目的关联性。

基于以上，本项目以把"如何创设数学工具辅助人们把物品摆正？"为学科驱动问题，研究从古至今与垂直、平行相关的数学工具，建立垂直平行的概念。

二、项目设计

（一）对应课程内容和标准

1. 课程内容

"规'直'矩'正'"在数学学科方面主要参考沪教版四年级数学教材中"垂直"和"平行"的内容。学生在学习教材知识后，进行本项目的探究。

2. 课程标准

依据涉及的课程内容，在设计项目时仔细研读了相关的课程标准，从而使项目的设计能够促进学生的数学核心素养的发展。

《义务教育科学课程标准》（2022年版）与项目相关的内容要求是：学生结合实际情境判断物体的位置，增强空间概念和应用意识。

《上海市小学数学学科教学基本要求》对本项目的基本要求是：

（1）两条直线平行和相交（包括垂直）的位置关系；知道两条直线的位置关系，平行和相交（包括垂直）的意义；知道平行线之间的距离处处相等。

（2）过直线外一点，用三角尺画已知直线的平行线；会用三角尺过直线外一点画已知直线的平行线。

（3）过直线上、直线外一点，用三角尺画已知直线的垂线；会用三角尺过直线上或直线外一点画已知直线的垂线。

（4）初步形成观察图形、动手操作（包括画图）等良好习惯。

（二）问题和任务框架

本项目的问题与任务框架从本质问题、驱动问题、核心任务与问题链展开剖析后，依据问题链设计相应的任务群。

1. 本质问题

我们如何运用数学知识，解决生活中的问题？

2. 驱动问题

如何创设数学工具辅助人们把物品摆正？

3. 核心任务

设计并制作能够测量垂直与平行的数学工具。

4. 问题链

为完成核心任务，解决驱动问题与本质问题，本项目设计以下子问题（图1）：

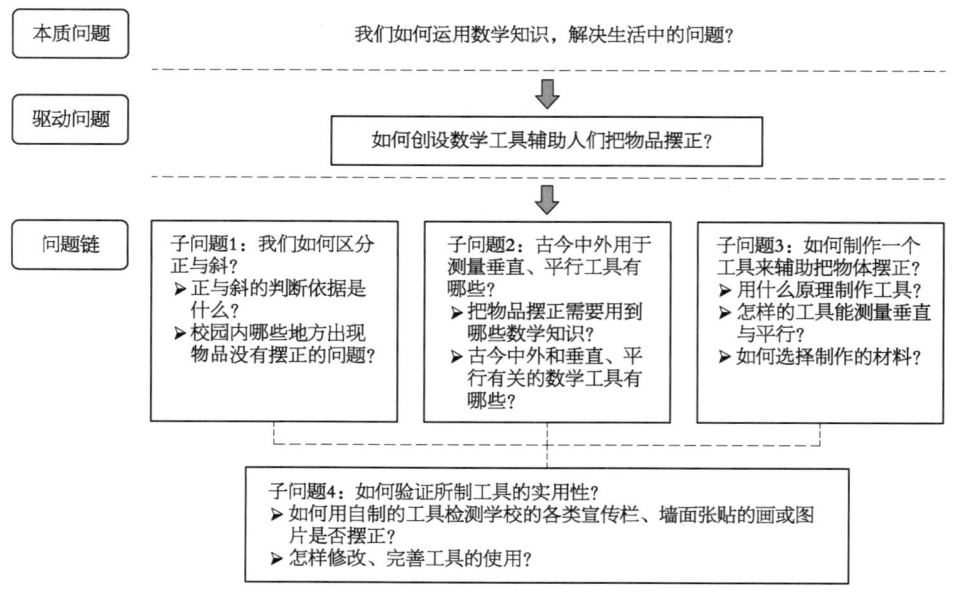

图 1　项目问题链

(1)我们如何区分正与斜？

(2)古今中外用于测量垂直、平行工具有哪些？

(3)如何制作一个工具来辅助把物体摆正？

(4)如何验证所制工具的实用性？

5. 任务群

依据项目的问题链设计，以核心任务为中心，设计任务群（表1）。本项目共分为启动项目提出问题、知识能力建构、公开展示、反思评价4个任务环节。

表 1　项目任务群

规"直"矩"正"			
核心任务：设计并制作能够测量垂直与平行的数学工具			
任务1：提出问题	任务2：知识能力建构	任务3：公开成果	任务4：反思评价
活动1：观看小视频"贴福字" 活动2：尝试摆正"福"字 活动3：寻找校园生活中需要把物体摆正的例子，提出驱动问题，明确驱动任务并制定计划	活动1：寻找把"福"字贴正的数学窍门 活动2：探索古今中外劳动人民测量垂直与平行的工具	活动1：利用身边的材料设计一个能够测量物体垂直与平行的工具 活动2：制作工具 活动3：展示并评价工具	活动1：在校园内使用自制工具 活动2：完善工具 活动3：反思项目

三、项目目标

(1)通过体验贴"福"字的过程，发现将物体摆"直"放"正"的困难，深入观察校园中的物体，明确设计并制作能够测量物体垂直与平行状态的简易数学工具的任务，制定相应的学习计划，感受生活中无处不在的数学问题。

(2)通过网络调查、实验探究，学习"垂直"和"平行"的相关知识，了解古今中外测量"垂直"和"平行"的工具，形成相关的知识与技能，为工具的设计与制作做好储备。

（3）通过制作、介绍能够测量物体垂直与平行的工具，体会运用数学原理采用身边的工具解决数学问题的过程，感受中国古代人民的知识渊博以及勇于尝试的精神。

（4）通过基于标准的客观评价，以及实际的检验，完善工具的设计。同时，在反思整个项目的过程中，积累运用数学知识解决问题的经验，为未来解决更多的问题做好准备。

四、项目过程

（一）提出问题

学生通过观看视频"贴福字"，引发提问"为什么在家里贴福字一会儿左面高了、一会儿右面高了，贴了几次都贴不好？"再结合朋友圈的春节照片中贴福字不正的现象，提出问题"我们如何创设工具，辅助大家把'福'字贴正？"

学生觉得这是一个生活中存在且常见的问题，不仅是"贴福字"，在张贴照片、海报、宣传画等，都会碰到"贴不正"的问题。认为这是值得研究的问题，也因此唤起学习探究的积极性。

（二）知识能力建构

学生寻找、观察学校的宣传栏、墙面、板报上张贴的国旗、宣传画、学生作品等，用自己的方法判断它们是否都贴得"直"与"正"。在此过程中，他们逐步意识到这个判断其实是对平行和垂直两个概念的实际应用。因此，学生提出需要对平行和垂直相关内容进行学习探究，才能设计制作可以解决问题的工具。

在学习了平行与垂直的相关知识后，学生们好奇"从古至今各个时期的生活生产过程中有关垂直、平行有关的工具是怎样的？"他们又对从古至今人们对这个问题的探索展开调查。调查中发现古人把圆规叫做"规"、直角尺叫做"矩"，统称为"规矩"，这才有一句话"没有规矩，不成方圆。"然而，"规矩"是用来做什么的呢？

从古至今与垂直平行的工具是怎样演变的？各种工具的优点是什么？

这些问题引发了学生的再次探究，学生以小组为单位，通过书籍、网络等资源进行查找，分组选择一个内容（场景、工具）查找资料，制作海报。随后，通过各个小组的交流，知道古今中外那么多垂直和平行在生活中的运用，各种工具的使用也有不同的利弊。

（三）公开成果

本阶段，学生对"平行"和"垂直"两个概念有了基本了解后，对项目成果的标准再进行调整。并根据标准，小组合作思考怎样制作工具？画草图、选材料：钉子、绳子、三角尺、笔、水、玻璃瓶、工字钉、回形针、细铁丝……

工具制作完成后，学生在尝试中先组内修正，并在班级内展开演说，介绍小组制作的工具由哪些部分组成，这些组成部分如何在测量中起到作用，使用的方式怎样等等。小组与小组间根据标准予以客观的评价。最终，完成探究部分各个活动，并解决核心问题：制作可以把物体摆正的工具。

（四）反思评价

各小组在完善工具后，去学校各处使用工具，检验工具的实用性并拍摄小视频，同时小组间互相检验海报在墙面是否贴得"直"与"正"。实际上，这项活动让各个小组在总结的同时，也用自己的工具去检测其他小组的成果。

项目最后，学生回顾从本项目中所学的知识、技能以及解决问题的历程，介绍经历与感受，就本质问题再展开交流、思考，并提出拓展问题：聪明的古人还发明了哪些数学工具，分别解决了什么样的问题？

五、项目成效

从学生的项目成果：海报、制作工具等，以及他们把作品张贴在墙面的实践操作中，可以看到学生能够通过小组内的沟通合作，建构制作把福字、图片等物品贴正的数学工具的知识与技能，并且能够基于评价标准展开表达与交流，完成本次的核心任务。

在项目反思阶段,许多学生纷纷赞叹古代劳动人民的智慧:"规"的来源、"矩"的叫法,"没有规矩,不成方圆"的老话,深深地刻在学生的心里。

还有学生说道,"我查找了从古至今各个时期发展中和垂直平行有关的工具,才知道古人就已经发明了规和矩,太了不起了""我从'工具是怎样演变的'中认识了很多中国古代数学家"。学生的话语透着为中国数学家们自豪,也让他们成为中华优秀传统文化的传播者。

六、项目反思

学生在本次项目式学习中主动了解古代数学文化、古代数学发明家,为古代数学中的优秀文化产生自豪感,愿意为祖国的发展而努力学习,从中看到了项目式学习的力量。同样,本次春节贴福字的项目设计与实践,也引发了一些思考。

(1) 项目式学习的驱动问题要贴近生活。数学来源于生活,学习数学实际也是为了解决生活中的实际问题。在项目式学习中,情境来源于社会真实情境或问题,越是贴近生活越能够促进学生的学习兴趣,就像本项目的驱动问题:春节在家里"贴福字"怎样贴得正?就是在生活中碰到的真实的问题。

(2) 项目式学习的成果需要被赋予真实价值。可见性的成果是项目式学习的主要特征之一,它除了能够对学生的学习形成一个较为真实的评价之外,对于学生学习的意义也与众不同。可见性的项目成果不但对教师与同伴可见,而且参与项目的学生为通过自身的学习获得成果感到喜悦与自豪。因此,当它被赋予价值的同时,学生能够感受到自身的学习与努力也被赋予了认可。

本项目的成果之一便是制作能把福字贴正的数学工具,并且可以把这个工具运用到生活中解决贴图片、照片的其他问题,是一个有价值、有意义的成果。学生将获得的学习经历与认知运用到新的相似或非相似的情境中的过程,更能够发现学习数学知识与技能对于他们生活的意义。

案例 5
趣读《九章算术》

上海青浦区世外学校　朱培丽

一、项目背景

汉、唐一千多年之间,算经十书一一问世,彰显中国古代数学的智慧。《九章算术》为其一,以方田、粟米、衰分、少广、商功、均输、盈不足、方程、勾股为九个章节,用"数"的方式,全面展现从先秦到东汉的数学成就。其中,负数、分数计算、联立一次方程解法等成为具有世界意义的数学成就。之所以这些数学发明能够影响世代人民,是因为它们描绘了人们生产盈利的鲜活场景,帮助人们解决生活中的相关问题。当代学生在数学课上学习勾股定理、方程等,但这些算术的发展以及它们与实际生活的关联,学生缺乏深入探索的机遇,如果能够让学生知其所以然,从书本走向生活,那对于数学的理解将会不同凡响。为此,数学教研组以《九章算术》为主题,与学生共读其中的奥妙。

2022年4月,国家教育部颁布新义务教育课程方案,其中着重强调义务教育要在坚定理想信念、厚植爱国主义精神、增强数学素养上下功夫,使学生成为有理想、有本领、有担当,德智体美劳全面发展的社会主义建设者和接班人。同时,在《新义务教育数学课程标准》中,明确指出数学课程内容的选择应关注数学学科发展前沿与数学文化,继承和弘扬中华优秀传统文化。通过数学学习,学生能体会数学知识之间、数学与其他学科之间、数学与生活之间的联系。在探索真实情境所蕴含的关系中,学生能提升发现问题和提出问题,运用数学和其他学科的知识与方法分析问题和解决问题的能力。

基于新方案与新课程标准,数学教研组围绕青浦世外"中国心、世界眼、未来脑、创新手、时代行"的15字目标,制定了相应的学科目标。在"中国心"这一维度中,了解中国古代数学家的杰出贡献,传播数学学科中的中华优秀传统文化。本项目对于《九章算术》的研读,能够帮助学生了解古人如何研究生活中的数学问题,展现中华优秀文明。

现行教材沪教版五年级下册第二单元《正数和负数的初步认识》中提及《九章算术》最早提出了正、负数的概念,并系统地叙述了正、负数的加减法则。负数概念的提出,是人类关于数的概念一次意义重大的飞跃。除此之外,《九章算术》的其他内容也解决了许多生活问题。所以,数学教研组试着从《九章算术》中挖掘与五年级学习内容相关的古代数学研究,展开相关探索。

基于以上,本项目以"我们如何续写《九章算术》并开展有趣且有益的名著导读活动?"为驱动问题,让学生发现问题、提出问题、解决问题。同时,挖掘其中的数学问题理论依据,应用于课堂教学,可以促进学生对数学知识的理解,传承民族文化,发扬民族精神。

二、项目设计

(一) 对应课程内容和标准

1. 课程内容

"趣读《九章算术》"主要参考沪教版数学教材五年级第一学期"几何小实践"单元中"梯形的面积",五年级第二学期"简易方程(二)"单元中"列方程解决问题(相遇问题)""列方程解决问题(盈亏问题)"两课时,以及沪教版六年级数学"比例""勾股定理""二元一次方程组及其解法"等课时内容。

2. 课程标准

依据涉及的课程内容,在设计项目时仔细研读了相关的课程标准,从而使项目的设计能够促进学生的数学素养的发展。

《义务教育数学课程标准》(2022年版)以及《上海市小学数学基本要求(试用版)》与项目相关的内容要求是：

(1) 探索梯形面积的计算方法,会归纳梯形面积的计算公式,能用相应公式解决实际问题。

(2) 能在具体的情境中判断两个量的比,会计算比值,理解比值相同的量,能解决按比例分配的简单问题。

(3) 能根据现实情境理解方程的意义,能针对具体问题列出方程；理解方程的意义,经历估计方程解的过程,能解二元一次方程组。

(4) 能解决较复杂的真实问题,形成初步应用意识,提高解决问题的能力。

(5) 探索勾股定理,并能运用它们解决一些简单的实际问题。

(二) 问题和任务框架

本项目的问题与任务框架从本质问题、驱动问题、核心任务与问题链展开剖析后,依据问题链设计相应的任务群。

1. 本质问题

本项目以我国古代最伟大的科学家刘徽的主要著作《九章算术》为研究载体,引导学生走进书本,了解古人学习数学的过程、方法和成果。作为算经十书之首《九章算术》与过去人们的生产、生活关系密切,并影响了其后千余年间中国乃至整个东方数学的发展,其中很多数学知识和方法,至今仍是中小学数学教学的内容。因此确定本质问题为：生活和生产中的经验如何促进人们对数学问题的研究？

2. 驱动问题

我们如何续写《九章算术》并开展有趣且有益的名著导读活动？

3. 核心任务

开展《九章算术》趣味导读会。

4. 问题链

为完成核心任务，解决驱动问题与本质问题，本项目设计以下子问题（图1）：

（1）《九章算术》是一本怎样的书？

（2）古人如何研究生活和生产中的数学问题？

（3）如何提炼校园里的数学难题？

（4）如何让导读会变得有趣且有益？

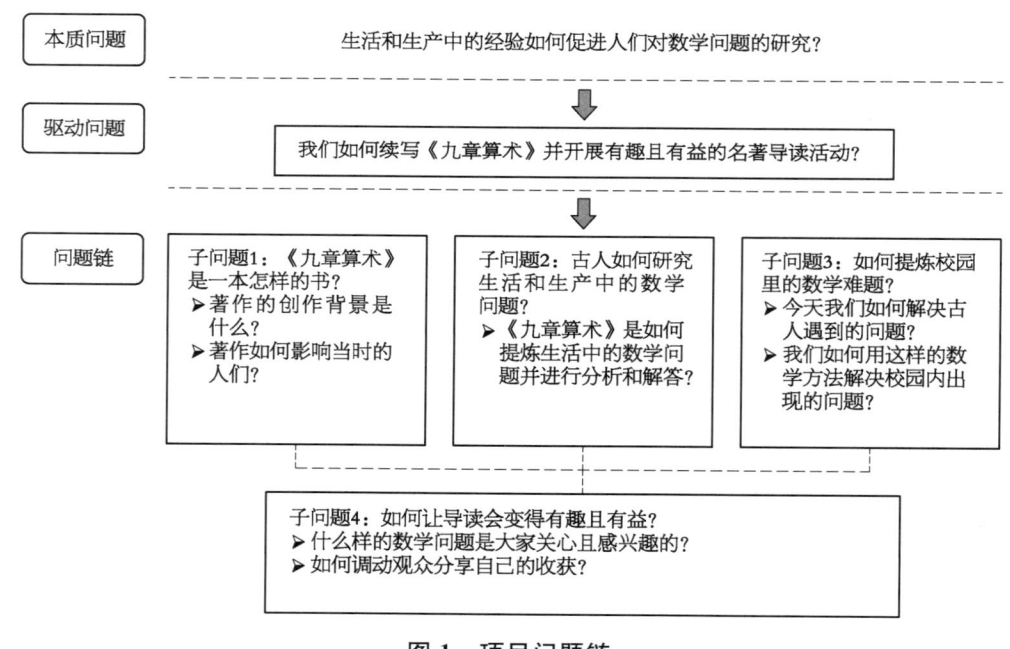

图1 项目问题链

5. 任务群

依据项目的问题链设计，以核心任务为中心，设计任务群（表1）。本项目共分为启动项目提出问题、知识能力建构、公开成果、反思评价4个任务环节。

表1 项目任务群

趣读《九章算术》			
核心任务：开展《九章算术》趣味导读会			
任务1：提出问题	任务2：知识能力建构	任务3：制作成果	任务4：展示评价
活动1：列举生活中的数学问题 活动2：走进《九章算术》了解作者、书本的价值 活动3：初步了解书中内容（分析驱动问题，理解核心任务，制定初步计划与标准）	活动1：探究古人解决问题的过程、方法以及古人的研究成果 活动2：通过调查和访问，寻找校园中师生遇到的数学难题，利用《九章算术》中的方法尝试计算并解答	活动1：根据小组选定的主题，制定评价标准，准备分享活动素材 活动2：组内分工合作绘制《九章算术》画谱（像古人那样解决我们校园生活中问题的全过程） 活动3：每个小组分享展示学习成果	活动1：小组合作完善项目成果 活动2：评选最佳学习小组 活动3：反思项目

三、项目目标

（1）通过让学生交流生活中的数学问题，学生知道数学与生活有着密切的关系。学生在走进《九章算术》中，了解作者信息、书本的创作背景、意义、价值。确定核心任务，制定计划，同时也体会到我国古人在数学方面的伟大智慧和超前算法，激发学生浓浓的爱国情。

（2）通过小组讨论交流确定要研究的问题，例如古人在实际生产、生活中遇到的实际问题，或者与学校五年级学生学习水平相当，学生通过独立自学、合作交流能理解的数学问题。在小组内介绍自己如何用数学方法解决问题，培养倾听、合作、交流、表达等良好的学习习惯。

（3）通过让学生开展名著续写和导读活动，引导学生了解梳理解决问题的过程，思考用怎样的方式呈现解决问题的全过程，培养和发展学生逻辑思维、沟通、表达、美工等各方面的能力。

（4）通过以海报和视频讲解的方式展示学习成果，依据标准，评选最佳学习小组，引导学生把数学问题学透彻、讲清楚、解释好，在经历一次完整的发现问题、提出问题、解决问题的过程中，感受数学著作带来的学习力量。

四、项目过程

（一）提出问题

对五年级学生，在学习书本上关于正、负数知识的基础上，提出问题："最早提出正、负数概念的是哪个国家？"学生利用搜索工具了解这一问题的相关记载，发现中国古代第一部数学专著《九章算术》。

通过对《九章算术》资料的网络探究和内容简单梳理，大致了解它主要研究生活和生产中的哪些数学问题。思考和交流《九章算术》对当时的人们产生的积极影响，由此引出项目驱动问题，在合作中梳理和讨论项目计划表。

（二）知识能力建构

每一位学生通过阅读学习资料包，确定自己感兴趣研究的《九章算术》中的数学问题。选择同一个问题的学生自动分为一组。同一个小组的学生对他们选择的问题进行深入学习和解读，针对《九章算术》中某一章节的数学方法、具体的数学情景，通过问、答、术3个步骤进行问题解析。

随后，各个小组回顾和巩固《九章算术》涉及的数学基础知识。在走访学校食堂、体育场、教学楼等场所中，思考和提炼校园生活中与《九章算术》相对应的数学问题。

小组针对收集到的校园数学问题，利用《九章算术》问、答、术的讲解思路，设计解答方案。

（三）公开成果

本阶段同组成员合作讨论，认真梳理《九章算术》的知识在校园生活中的应用，明确讲解的思路与语句。在组内分工合作完成《九章算术》导读会所需的海报,并模拟古人解决现实生活中的问题那样,解说我们如何解决校园中的问题。

其间,需要明确海报与解说要求,即在内容上包含问答术、举例(与现代生活中有关的数学问题)等方面。海报要书写工整、字迹清晰、排版美观、主题突出。

在成果完成前期,全班同学制定相应的成果评价标准,并在完成成果的展示阶段,依据海报与小组的解说,给予客观的评价。

(四)展示评价

项目展示评价阶段,每个小组以名著导读会的形式分享展示学习成果。根据小组讲解过程中的表现,结合标准进行评价。

各小组根据评价建议对海报与解说进行完善,并将完善后的成果布置在移动图书馆,让更多的同学了解《九章算术》,达到文化传播的成效。

最后,回顾这次项目的本质问题"生活和生产中的经验如何促进人们对数学问题的研究?"请学生结合项目中的探究经历,说一说对这个问题的感受。他们发现不仅数学家如此,很多其他领域的杰出学者都有相同的特点:擅于观察生活、总结经验、研究规律。由此学生能够用数学的眼光观察现实世界,用数学思维思考现实世界,而这也正是新课标所提倡的数学核心素养。

五、项目成效

从学生的项目成果,相遇问题、盈亏问题、二元一次方程组、勾股定理、梯形的面积、比例等问题的呈现与解析,可见学生能够通过小组内的沟通合作,像古人那样,利用问(先确定生活中的数学问题)、答(给出答案)、术(解释说明答案的由来),基于标准展开表达与交流,完成本次的核心任务。

在项目反思阶段,许多学生纷纷表达了两个方面的感触,一是感受到我国古人的伟大智慧,作为一名中国人的自豪感;第二个方面是生活中处处有数学,我们要有一颗数学的好奇心,发现数学问题,更好地利用我们目前所有的数学知识解决实际问题。

六、项目反思

本项目让学生在阅读数学著作中发现数学与生活的联系,找到学习数学的意义,萌生对中国发明的钦佩,是一次有成效的项目式学习。在此过程中,教研组也对整个项目的设计与实践进行了一些思考。

其中,最让教研组有感触的是项目式的课堂环境推动项目探究。在项目进行过程中,创设了具有项目式学习氛围的教室环境,利用学校长廊和教室墙壁开辟项目公告板和项目展示板,和学生一起把驱动问题、评价标准、项目日历、头脑风暴和各类项目任务单展示出来。随着项目的不断推进,展示内容也会持续更新。学生可以在展示区内看到各个小组的探究情况和探究进展。

"奇思妙想"区也是营造教室氛围的方法,在项目过程中我们尊重和倾听每个孩子的想法,他们可以在"奇思妙想"区内发布任何与本项目有关的问题。本项目的"奇思妙想"区域内,就呈现了学生罗列的众多数学问题。同样,有不少学生运用《九章算术》的方法,在问题下方贴上解决方案,这样"会说话"的一堵墙,让学生对数学问题的研究不断延续。

第五章　"中国心系列课程"项目案例
——科学篇

  四大文明古国之一的中国，上下五千年的文明在源远流长的历史长河中，留下了无数的奇迹。

  中国古代劳动人民鉴于对磁石的认识，发明了"司南"（指南针），它的出现对航海、军事、测量等起到了不可估量的作用；出于民生之用，古代劳动人民发明了火药，它对生活、生产、军事等方面产生巨大的影响；东汉蔡伦以树皮、麻头、破布、旧渔网等植物纤维为原料，改进原有的造纸术，让我国的造纸技术突飞猛进，便利了文明的记录；印刷术的出现，更是让文明得到了广泛的传播。

  中国四大发明给华夏文明的进步与发展提供了不可估量的助力，它们的影响传播至世界。除此之外，地震仪、浑天仪、水运仪象台等的发明也证实古代中国在科技上的领先地位。

  纵观文明的发展，人们对科学与技术的认识与开发，不断地改善人民生活，指南针辨别方向、造纸与印刷传播文化、火药帮助生计、浑天仪知晓天象等。可见，科学与技术对于百姓生活的重要性。同时，也可见科技的发展随着人们的需求而与时俱进。

  当今世界，对于科学与技术的认识成为基础教育阶段重要组成部分，"让孩子像科学家一样探索，承担民族进步的责任，传承中华优秀文化，创造着长大"是科学教育需要思考的，科学观念、科学思维、实践探究、态度责任这四大核心素养亦是需要在教育教学中不断达成。

时代的发展总会面对不同的挑战,抓住挑战的契机,让学生共同参与当下的真实研究,是培育核心素养的机遇。在制作香囊中,感受古代人民的中草药智慧;在探索种植中,体会粒粒皆辛苦的含义,树立参与我国戈壁滩造林事业的奋斗精神;在一系列的探索中,理解并承担自身的社会责任,由内形成"中国心"。

案例 1

定制一个端午香袋

上海青浦区世外学校　钱婧倩

一、项目背景

"端午临中夏,时清日复长。"(唐·李隆基)说得便是端午节临近意味着夏季便要来了,白昼的时间也在显著地拉长。端午节从古至今有几个不变的习俗,有各家各户都在门上挂了一把草,一闻便知是"药"、再问便知是"草";还有五颜六色的袋子,女性与孩子尤其喜欢挂在包上或身上的香囊……今年的端午也是如此,小朋友还向科学老师提出了疑问,如"艾草真的有驱虫的作用吗?为什么我家里还是爬来了蜈蚣""我买的香囊让我奶奶闻了就咳嗽,怎么办""香袋里到底装的什么"……这些问题引起了科学教师的思考,如何乘此佳节将中草药这项中华的瑰宝带入学生的生活?促进学生对我国中草药学的兴趣和研究。为此,我们借助明代医药学家李时珍修订《本草纲目》的历史,与学生围绕"生活中的中草药"这一主题展开探索。

2022年4月,国家教育部颁布新义务教育课程方案,着重强调厚植爱国主义精神,使学生成为有本领、能担当的人。同时,在《新义务教育科学课程标准》中,明确指出基础教育阶段科学学科对学生核心素养的培育,让学生能够在自主实践中,从多角度分析、思考问题,提出新颖并有价值的解决问题的方法,形成在生活中能够用正确的价值观运用所学做出贡献的意识。

基于新方案与新课程标准,科学教研组围绕青浦世外"中国心、世界眼、未来脑、创新手、时代行"的 15 字目标,制定了相应的学科目标。在"中国心"这一维度中,着重指出以科学实践的方式领略中国从古至今的伟大科技发明,结合当下社会环境所面临的问题,学习古人的智慧并提出可行的解决方案,树立民族自豪感的同时,传承中国的科学精神和成果。为此,本次就围绕"生活中的中草药"这个主题,以中草药书签与端午香袋的配方为载体,展开项目的设计与实施。

在教材研究中亦是发现,关于"中草药"在自然学科教材中有具体的呈现,主要体现在对植物的多样性及其各部分的认识,正好能够为本次探究提供学科性的支持。

基于以上,本项目以"如何为需要的人定制香袋的配方?"为驱动问题,学生通过对中草药的研究,各种香袋成分以及功效的调查,了解具有驱虫、提神醒脑等功效的中草药,并为需要的人完成一份"定制香袋配方",最终以班级为单位进行展示,评选出最具有功效、最为合理的配方。

二、项目设计

(一) 对应课程内容和标准

1. 课程内容

"定制一个端午香袋"在自然学科主要参考沪教版自然教材"丰富多彩的植物"单元中"身边的植物""植物的各个部分"两课时的内容。

2. 课程标准

依据涉及的课程内容,在设计项目时仔细研读了相关的课程标准,从而使科技活动项目的设计能够促进学生的科学素养的发展。

《义务教育科学课程标准》(2022 年版)与项目相关的内容要求:说出常见植物的名称与特征。

《上海市小学自然学科教学基本要求》对本项目的基本要求:说出常见植物的名称与特征,认识植物的组成部分。

(二) 问题和任务框架

本项目的问题与任务框架从本质问题、驱动问题、核心任务与问题链展开剖析后,依据问题链设计相应的任务群,具体问题关系与任务群关系如图1、表1所示。

1. 本质问题

本项目以端午佳节之际,需要为家人定制合适的香袋为整体背景,以自然科学中认识植物的相关内容为知识基础,以李时珍的《本草纲目》为参考书籍,形成一个活动项目,确定本质问题为:不同的植物对人的身体功效是怎样的?

2. 驱动问题

如何为需要的人定制香袋的配方?

3. 核心任务

定制一个香袋的配方。

4. 问题链

为完成核心任务,解决驱动问题与本质问题,本项目设计以下子问题(图1):
(1) 香袋的由来与作用是怎样的?
(2) 哪些中草药具有驱蚊或其他对人体有利的功效?
(3) 特定的香袋配方是怎样的?
(4) 如何将香袋的配方进行展示?

5. 任务群

依据项目的问题链设计,以核心任务为中心,设计任务群(表1)。本项目共分为启动项目提出问题、知识能力建构、公开成果、完善反思4个任务环节,在每一环节设计相应的活动,通过序列化的任务促进学生对驱动问题的解决、对本质问题的解答以及对核心任务的达成。

PBL"中国心系列课程"的建构与实施

本质问题：不同的植物对人的身体功效是怎样的？

↓

驱动问题：如何为需要的人定制香袋的配方？

↓

问题链：

- **子问题1**：香袋的由来与作用是怎样的？
  - ➤ 中国古代人们制作香袋的目的是什么？
  - ➤ 自古以来，中国人运用中草药的例子有哪些？
  - ➤ 我们如何选择合适的中草药制作端午香袋？

- **子问题2**：哪些中草药具有驱蚊或其他对人体有利的功效？
  - ➤ 居家期间发放的防疫药品分别有哪些？
  - ➤ 防疫药品中有哪些成分？它们分别有什么作用？
  - ➤ 哪些中草药具有防治病毒的功效？

- **子问题3**：特定的香袋配方是怎样的？
  - ➤ 人们对香袋的功效有哪些需求？
  - ➤ 哪些中草药能够互相搭配成香袋？
  - ➤ 这些中草药之间是否会形成不良的效果？

- **子问题4**：如何将香袋的配方进行展示？
  - ➤ 如何更加美观形象地将防疫香袋进行展示？

图1 项目问题链

表1 项目任务群

定制一个端午香袋			
核心任务：定制一个香袋的配方			
任务1：提出问题	任务2：知识能力建构	任务3：公开成果	任务4：完善反思
活动1：发现端午购买的香袋，配方单一，不适合所有人的问题 活动2：了解中国古代香袋的由来与作用 活动3：调查中国自古用中草药使用的例子。 活动4：明确项目任务（分析驱动问题，理解核心任务，制定初步计划与标准）	活动1：依据《本草纲目》，探究常用的驱蚊、醒脑等作用的中草药 活动2：制作中草药书签 活动3：调查各类中草药之间搭配的注意点	活动1：制定评价标准 活动2：调查家人的身体情况以及对香袋的需求 活动3：制作香袋的配方图 活动4：展示并交流香袋的配方	活动1：反思并完善香袋的配方 活动2：反思"对于中草药的了解给予生活的帮助"

104

三、项目目标

（1）通过调查端午节间购买的香袋不适合家人的情况，了解中国古代香袋与中草药的作用与优点，产生对"定制香袋"的兴趣，以此提出问题，明确项目的核心任务。

（2）通过网络调查、信息整理、制作中草药书签等方式，知道具有驱蚊虫、强身健体、气味闻得舒心等功效的中草药的外形特征与功效，以及它们在搭配时需要注意的事项，为香袋配方的设计打下知识储备。

（3）通过制定项目成果的评价标准，以图鉴的形式制作"香袋配方的设计"，开展配方的交流与展示。

（4）通过反思同学们在展示中给予的评价，完善香袋的配方；同时，通过反思整个项目的学习经历，对期间的学习经历与问题解决的方法等产生运用的意识。

四、项目过程

本项目依据启动项目提出问题、知识能力建构、公开成果、完善反思4个任务环节，设计项目实施过程。

（一）提出问题

学生以"话家常"的形式讨论端午期间门口挂的艾草的驱虫作用，从菜市场或弄堂买来的端午香囊给予家人身体上的感受等，发现艾草对于驱虫的局限性和一些香袋的配方不适合家人等现象，从而激发学生的深入思考：有没有更好的香袋配方呢？

在这样的想法中，适时地提出中国古时香袋的由来以及作用，引起学生对香袋的探究兴趣，并在信息查阅中发现运用雄黄、艾草等中草药都可以来驱赶蛇虫鼠蚁，让学生产生探索中草药功效的想法。

与此同时注意不同的人因自身身体状况，以及对香味的喜好不同，会对香袋中的中草药气味有不同的反应。此时，提出"如何为需要的人定制香袋的配方"的问题,并在讨论中明确在居家环境中的任务"定制一个香袋的配方",同时根据任务制定完成任务的学习计划。

(二) 知识能力建构

学生们明确任务后,首先就有同学提出查阅李时珍的《本草纲目》,甚至有学生在家中寻找到一些中成药,惊喜道:"原来许多我们熟悉的'药'成分并不是西药,而是中草药,中草药那么厉害!"探索中他们发现黄芪具有排毒的功能,防风具有清热、止泻的功能,白术具有健胃、止汗的功能,雄黄具有驱虫的功能,艾草除了驱虫还能够驱寒,等等。

在对中草药进行简单的查阅后,同学们纷纷产生要将各种中草药"综合"起来的想法,为此,他们便需要了解各种中草药的功效。然而,当他们搜索中草药的信息,翻阅《本草纲目》时,发现中草药的种类成千上万,那该如何缩小检索的范围呢?在研讨与商议之后,同学们通过搜索"端午香袋""预防蚊虫、强身健体的中草药",将范围缩减到包含藿香、薄荷、金银花等十几种中草药,并制作了含有草药图形与功效简介的草药书签。

依据对中草药的探究,同学们纷纷开始研制香袋的配方,在过程中他们发现不同草药之间有时药性会发生冲突与影响。部分同学还求助了家中本就从事中医研究的父母,并将注意事项分享于班级、年级的同学。

(三) 公开成果

学生根据制作的中草药书签,调查家人对香袋功效的需求和香味的要求,了解中草药搭配注意事项,回顾任务目标"定制一个端午香袋",为此制定相应的评价标准。

根据评价标准,学生思考具有生动香袋图案的任务单(图2),将香袋配方的设计进行形象的表达,最终完成香袋的设计并进行展示。

图 2　防疫香袋设计任务单

（四）完善反思

项目最后，小组根据评价完善防疫香袋配方的设计，并制作公众号进行发布与宣传。同时，回顾本项目中所学的知识和解决问题的历程，介绍经历与感受，回归本质问题：再次制作一个具有特殊功效的香袋该怎么做？

五、项目成效

本项目的成效实际从学生制作中草药书签时就显现了。由于中草药的种类繁多，因此每位同学都需要自主探究、小组合作、分享各类中草药探究结果。令人惊讶的是，本以为学生们会需要不断地被鼓励才能够参与探索，他们却积极主动地奔着目标，自主地搜寻不同功效的中草药，做出了许许多多的中草药书签（图3）。可见，学生在这个阶段学习的主动性，而且成效颇丰。

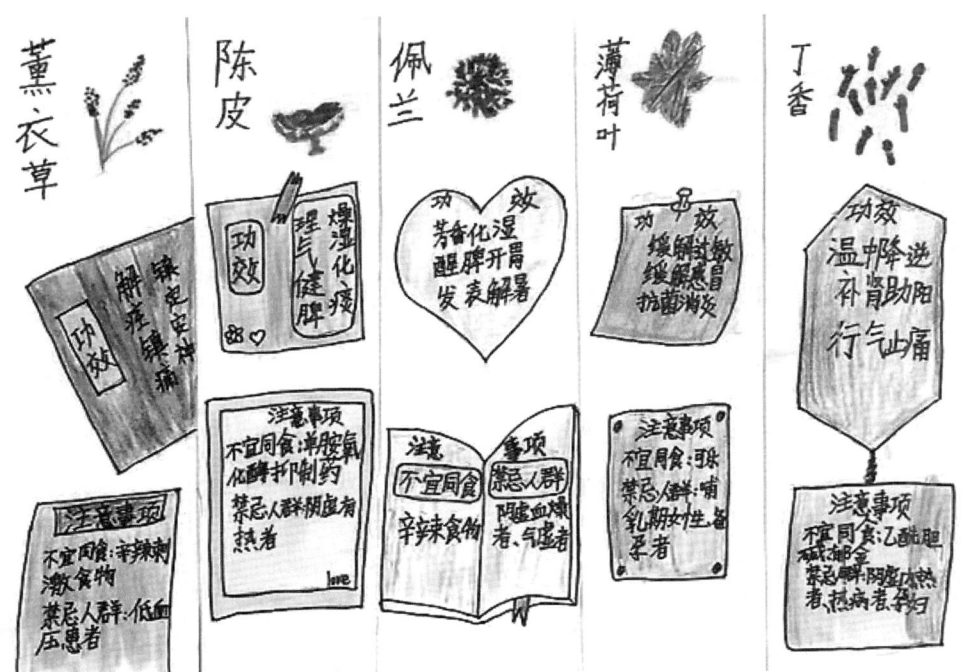

图3　中草药书签

在项目成果中,同学们也完成了各自端午香囊的配方。交流中,学生们说得头头是道,"薄荷具有镇痛的效果,放点薄荷,可以帮助夏天晒得头疼脑热的人缓解疼痛""艾草可以驱赶蚊虫,我想加点雄黄试试它能不能够驱赶蜈蚣""金银花能够清火和消炎,放点它可以帮助我们避免夏天中暑",等等。在交流的过程中,可以看到孩子们对所学知识进行运用的意识,他们仿佛就是一个个"小医生",通过需求、功效、草药的性能来判断使用的方式。在此过程中,更看到他们对身边人的关爱,无形中他们也树立了有担当的责任感。同时,对中华瑰宝之一的中医药也树立了传承与传播的精神。

六、项目反思

本项目从设计到实施,学生的参与度都保持在较高的状态,这对于项目式学习是一次可喜的经验。在探索中,发现学生的好奇心一直在被不断地激发,并对新问题的探索也在不停地开展,自主学习中形成主动解决问题的思维。回顾整个历程,对整个项目有以下的思考。

(1)驱动情境的设计需要源自学生。在项目设计时,教师根据学科的界定先确定围绕学科概念的本质问题,随后根据本质问题冠以情境,形成驱动问题。为了让学生产生探索的兴趣,驱动问题往往会被赋予有趣、生动的特征,但具备这两者往往还不够。在"中国心系列课程"的实践中,教师们一次次地发现当今的学生更容易关注生活,也容易忽略生活。关注是因为信息传达的方式更为多元,忽略是因为课堂依旧过于注重知识与技能的操练。为了使他们能够持续关注,并产生好奇心,联系他们生活的驱动情境设计便成为一种有效的方式,如本项目中以学生发现的"市场端午香袋"的问题为出发点,以"小中医"为带入性的角色,让孩子自发地探索其中的奥妙,做到自主的长期探索。

(2)项目实践过程中需要让孩子发现问题。每一个项目在实践中会形成关键问题链,例如,本项目中的问题链"香袋的由来与作用是怎样的""哪些中草药具有驱蚊与对人体有利的功效""特定的香袋配方是怎样的""如何将香袋的配方进行展示"。在关键问题链的架构下,学生才能够顺利地建构知识技能,创新地解决相关问题。但是在关键问题之下，学生还可能遇到其他问题，并且这些问题能够让学生自主地产生去解决的愿望。例如，在探究中草药时，学生会产生关于各类中草药性能、搭配等问题，这些问题又与驱动问题息息相关，为此他们能够自主解决，这就形成了不断发现问题、解决问题的思维提升过程。

案例 2
室内蔬菜种植指导手册

上海青浦区世外学校　朱程炜

一、项目背景

随着近几年对环境治理的重视,越来越多的人投身于戈壁滩和沙漠的植树造林事业之中,同时也带动了很多新的旅游线路。但是当地的恶劣环境对蔬菜种植带来极大不便,这使得很多游客和居民遇到了吃不上新鲜蔬菜的烦恼。针对这个问题,学生查阅资料,发现在一定条件下为蔬菜营造合适的生长环境,可以实现在荒漠地区蔬菜自给自足。但是,这样的种植方式对位于气候环境恶劣的地区很难大范围实现,所以学生也提出可以采用小棚种植或者室内种植的方式。于是,青浦世外科学团队便开展了一次以"室内蔬菜种植"为主题的活动项目,立志为祖国戈壁滩和沙漠地带的建设做贡献。

在国家教育部颁布的新义务教育课程方案中,着重强调厚植爱国主义,使学生成为有社会担当的人,具有集体主义精神。同时,在《新义务教育科学课程标准》和《新义务教育劳动课程标准》中都明确指出通过解决生活中的问题,充分调动学生科学素养和劳动精神。

基于新方案与新课程标准,教研组围绕青浦世外"中国心、世界眼、未来脑、创新手、时代行"的15字学生发展目标,制定了相应的科学学科目标。在"中国心"这一维度中,着重指明培养学生的科技创新意识,对社会问题具有关心意识,并能够学习相关本领创造性地提出解决方案。为此,围绕"荒漠地区居民室内种植蔬菜"主题,展开项目式学习的设计。

在教材的分析与解读中亦发现,在自然学科的教材中关于植物的认识主要在一至三年级植物形态与特征的学习和植物生长过程的学习,以及通过控制变量等探究方式学习植物生长所需的自然条件。

基于以上,本项目以"如何设计一本手册指导荒漠地区居民进行室内蔬菜种植?"为驱动问题,学生通过对植物的生长过程、繁殖方式、生长影响因素等的研究,以绘本的形式呈现一份适合蔬菜种植的指导手册。

二、项目设计

(一) 对应课程内容和标准

1. 课程内容

"室内蔬菜种植指导手册"在自然学科方面主要参考远东版三年级自然教材"绿色开花植物"单元和远东版四年级自然教材"保持健康"单元中"饮食与健康"课时的内容。

2. 课程标准

依据涉及的课程内容,在设计项目时仔细解析了《上海市小学自然学科教学基本要求》,以此使科技活动项目的设计能够与学科教学相互融合。

《上海市小学自然学科教学基本要求》对本项目的基本要求是:

(1) 知道植物种子萌发需要水、空气和适宜的温度。

(2) 知道一些植物通过根、茎或叶进行繁殖。

(3) 知道植物一生中几个主要阶段,知道很多植物经历从种子到种子的变化过程。

(4) 知道适量、丰富、均衡的饮食有利于健康成长。

(二) 问题和任务框架

本项目的问题与任务框架从本质问题、驱动问题、核心任务与问题链展开剖析后，依据问题链设计相应的任务群，具体问题关系与任务群关系如图1所示。

1. 本质问题

我们如何利用植物的相关知识改善当下生活？

2. 驱动问题

如何设计一份室内蔬菜种植指导手册，让更多生活在荒漠地区的人了解常见蔬菜的生长规律，结合当地气候特点尝试在家中自己种植蔬菜，以此缓解蔬菜短缺问题？

3. 核心任务

设计一份室内蔬菜种植指导手册。

4. 问题链

为完成核心任务，解决驱动问题与本质问题，本项目设计以下子问题（图1）：

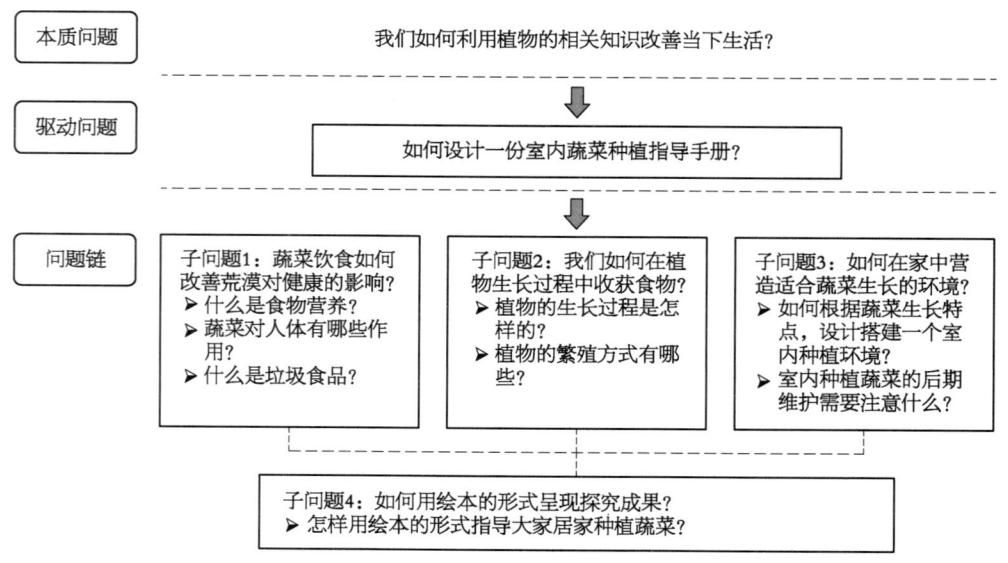

图1 项目问题链

（1）蔬菜饮食如何改善荒漠对健康的影响？
（2）我们如何在植物生长过程中收获食物？
（3）如何在家中营造适合蔬菜生长的环境？
（4）如何用绘本的形式呈现探究成果？

5. 任务群

依据项目的问题链设计，以核心任务为中心，共分为提出问题、知识能力建构、公开成果、完善反思 4 个任务环节（表1）。

表 1　项目任务群

室内蔬菜种植指导手册			
核心任务：设计一份室内蔬菜种植指导手册			
任务1：提出问题	任务2：知识能力建构	任务3：公开成果	任务4：完善反思
活动1：调查荒漠地区有关蔬菜短缺的情况 活动2：调查荒漠地区环境特点 活动3：明确项目任务（分析驱动问题，理解核心任务，制定初步计划与标准）	活动1：探究各种蔬菜中的营养 活动2：了解植物成长过程和繁殖方式 活动3：了解植物成长需要的环境因素 活动4：探究具有种植价值的蔬菜的种植方式	活动1：调研各类"指导手册"，制定评价标准 活动2：绘制《室内蔬菜种植指导手册》 活动3：设计制作室内蔬菜种植装置	活动1：反思并完善指导手册。 活动2：思考此次学习经历对解决其他问题的帮助

三、项目目标

（1）通过网络调查，了解戈壁滩和沙漠这些地方的居民蔬菜采购和食用情况，知道在当地蔬菜的种植、存储和保鲜相比肉类更加困难，明确本项目驱动任务并制定项目计划。

（2）通过网络调查、活动探究等方式，知道各类蔬菜中的营养成分和对我们身体的作用；知道常见的蔬菜有什么样的生长循环和繁殖方式，以及成长过程中必要的环境条件。

（3）通过讨论交流，制定《室内蔬菜种植指导手册》评价标准，并以此引导学生利用项目所建构的知识和能力完成手册成果。通过成果分享交流，提高学生观点表达和成果反思的能力。

（4）通过反思同学们在室内蔬菜种植手册交流中提出的建议，完善手册；同时，通过反思探究种植手册的学习经历，对发现问题、甄别问题的方式，以及解决问题的过程有所感悟，形成迁移的能力。

四、项目过程

本项目依据启动项目提出问题、知识能力建构、公开成果、完善反思 4 个任务环节，设计项目实施过程。

（一）提出问题

学生以讨论和收集信息的形式了解荒漠地区的居民们在食物存储采购等方面存在的困扰，如"荒漠地区的蔬菜是不是缺少多样化""缺少蔬菜类营养摄入，人是否更容易出现皮肤健康问题""为何不可以通过减少吃果蔬的方式来解决这个情况""在荒漠地区，什么样的蔬菜适合居民室内种植"，等等。

同时，学生们通过查阅网站、观看视频和阅读书籍等方式，了解蔬菜对健康的重要作用，并发现一些蔬菜的室内种植方式。特别是在荒漠地区，果蔬提供的微量营养元素对当地居民有何积极作用？在以上探讨的基础上，提出项目的驱动问题：如何设计一本《室内蔬菜种植指导手册》指导荒漠地区居民进行室内种植蔬菜？通过分析和讨论，制定项目成果评价的标准。

（二）知识能力建构

在驱动问题的引领下，学生以小组为单位开展对蔬菜营养的研究，通过网络搜索和相关资料的阅读，了解常见果蔬的营养价值。通过对比"油炸食品"和"绿叶蔬菜"，知道垃圾食品的定义，以及通过食品包装信息了解一款食物的营养价值并能够做出合适的选择。

同时，各个小组通过收集常见蔬菜的资料和照片，知道蔬菜来自不同植物的各个部位；同样，也来自不同植物各个生长阶段；在此过程中发现，人们可以通过创造蔬菜的生长条件来进行室内培养蔬菜，如水培等。

随后，在对植物生长过程的研究中，发现有的植物可以通过种子繁殖后代，有的植物还能通过"茎"或者"根"繁殖后代。学生了解植物有种子繁殖和营养繁殖两种方式，进一步讨论不同繁殖方式对室内种植蔬菜的影响。在此过程中，发展应该根据植物的繁殖方式，设计不同的室内种植方案，同时探究植物生长循环中所需要的环境因素。

（三）公开成果

在成果准备阶段，需要通过集体讨论先明确一个成果的评价标准，思考"什么样的手册大家愿意看、看得懂、能获得收获"。本阶段学生需要查阅和比较各类常见的"指导用书"，如家电说明书、科普指导书和 DIY 手册等，归纳和总结这类手册和说明的优势和缺点，最终拟定项目成果的评价标准，明确《室内蔬菜种植指导手册》的标准要求，为后续制作指定明晰的方向。

在这期间，各个小组从不同参考样本获得了成果升级的灵感。有的小组还为手册制作一份配套工具包，让用户使用更便捷。有的小组拍摄水培工具的制作视频，以二维码的形式放在手册中。还有小组根据荒漠地区不同季节的果蔬种类，设计相关的种植系列（图2）。

图2　学生作品《土豆种植手册》

(四)完善反思

项目最后,小组根据评价标准优化成果,并在校园范围内邀请家长教师一同分享成果。回顾在本项目中所学的知识、技能以及解决问题的历程,对本质问题的迁移提出讨论:研究植物的意义还体现在哪些方面?解决了哪些问题?

五、项目成效

从各个小组的项目成果《室内果蔬种植指导手册》,我们可以看到每一位同学都投身在项目研究之中。小组通过合作分工、头脑风暴、集思广益,制作出各有特色的手册。同时也能看出他们对项目核心知识有深刻的理解和运用能力。

在成果交流和分享中,我们邀请家长和教师作为手册用户,听取各个小组对成果的推广介绍,尝试通过手册的指导体验种植蔬菜。在体验过程中,各个小组收集客户反馈的信息(图3),讨论和改进手册内容,形成不同形式的"升级版本"。

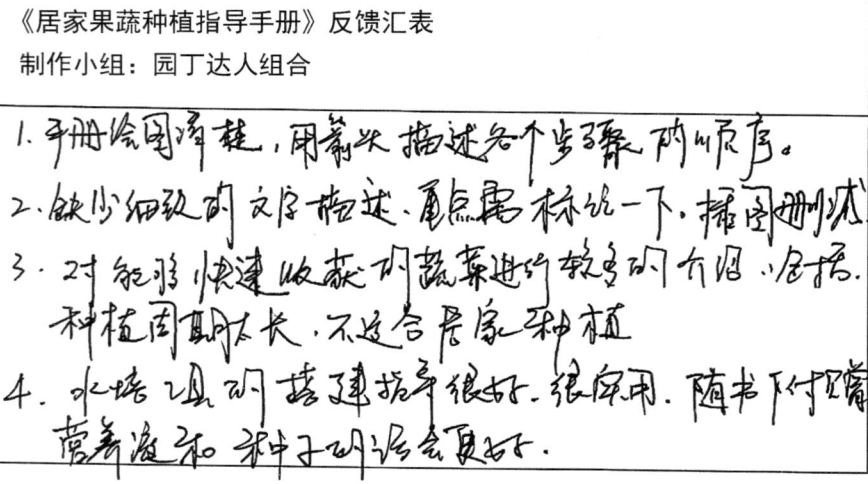

图3 家长反馈表

本项目的本质问题是"我们如何利用植物的相关知识改善当下生活"。学生在项目反思阶段,就本质问题结合实际案例提出了自己的观点,如"古人通过对植物的研究,发现了能治病的中草药""各类反季果蔬的生产也需要我们对植物有足够的了解""袁隆平爷爷研究水稻基因,培育出了超级水稻",等等。在不断讨论交流中,许多学生开始逐渐意识到,研究植物对人类发展有重要意义,更是产生用科学知识与技能来灵活解决当下问题的意识,形成社会责任的担当感。

六、项目反思

在本项目的设计过程中,教师深刻意识到项目的开展离不开学科核心知识的支持。学生要在解决项目问题的过程中逐步构建对概念的认知,让学科知识和能力的习得变成"水到渠成"的事。这也改变了以往学习活动中知识"先学后用"的情况,呈现了现实生活中解决问题的真实过程。

(1)核心知识能力是项目设计的导向牌。项目学习首先应该是"学习",它是一种让学生在解决问题过程中建构知识和发展能力的学习方式。在设计本项目之初,教师们罗列了有关植物主题的相关知识要点,思考什么样的项目成果能体现学生对这些知识的深刻理解和运用,从中提炼本质问题和驱动问题,并设计各个项目阶级的内容,确保学生在解决问题的过程中能"水到渠成"地掌握核心知识和能力。

(2)驱动问题与项目核心知识与能力的联系。为了确保学生在解决项目问题的过程中能自主发现问题、自主思考和自主学习,在设计驱动问题时就开始思考"什么样的关键词可以和项目知识能力相呼应""如何能让学生在手册设计制作的过程中主动去掌握核心知识和能力"。于是,对驱动问题的描述是"如何设计一份适合荒漠地区的居民进行室内蔬菜种植的指导手册,让更多在荒漠地区工作和生活的人了解各类蔬菜的生长规律,尝试自己种植,从而改善饮食,提高生活品质"。这样,学生能自己从驱动问题中抓住关键词"蔬菜生长规律""室内种植""蔬菜短缺"等,从而引导他们在项目探究过程中学习掌握项目核心知识。当驱动问题的设计能够和项目核心知识能力相呼应,学生才能真正体验"以学生为主"的课堂形式,教师也可以逐渐"退居幕后",把课堂的主权让给学生。

第六章 "中国心系列课程"项目案例
——艺术篇

"起舞弄清影,何似在人间?"——苏轼

"昆山玉碎凤凰叫,芙蓉泣露香兰笑。"——李贺

"远看山有色,近听水无声,春去花还在,人来鸟不惊。"——王维

……

古老的图腾、江南的音律、戏台的身影……处处留下了华夏艺术的"美",艺术从古至今带给人们欢乐与启智,以多样的表达形式留下无数文明的迹象,更是富有生命的活力穿梭于历史的长河与时代共存与演化,润泽我们在不断前进中的心灵。

"如何感受华夏艺术之美"已成为当代教育者自身的课题,同时也成为教育本身的课题。《新义务教育艺术课程标准》(2022年版)中指出"坚持以美育人""重视艺术体验""突出课程综合"的课程理念,培养学生"审美感知""艺术表现""创意实践""文化理解"的核心素养。

学校艺术教研组在深入研读《新义务教育艺术课程标准》(2022年版)和理解艺术核心素养的过程中,感受到让学生在唱游(音乐)、戏剧、舞蹈、美术等各艺术学科中观察与体验,了解中国传统文化,探究、领会中国传统艺术魅力对于核心素养形成有重要意义。

在灿若繁星的各学科艺术教材内容中,依据新课程标准,立足课程综合的视野,选择"中华成语""古代乐器""中国年画"3个与中华传统艺术相关的内

容,进行项目式学习的设计后,与学生共同演绎成语的世界,聆听华夏之音,创绘中国年画。

学生在"愚公移山"的视听中,感受戏剧的魅力,通过创作体会各个中华成语的内涵;他们又在探索编钟、竹笛等乐器中,创作新的乐器并进行配乐,感受华夏音律之妙;他们在新年的氛围里,寻访非物质文化遗产——年画,从历史、纹样、样式等各方面了解年画的意义,通过自身的创造寻找传播中国传统文化的意义与方式。

富有艺术性的学习经历,让学生在体会艺术之美中,感受中国传统艺术"美"的内涵,从内心萌生理解与传承的信念,为今后更多对于艺术的探索积淀经验。

案例 1

聆听华夏之音

上海青浦区世外学校 刘 俐

一、项目背景

白居易的《琵琶行》中形容琵琶音色为"大弦嘈嘈如急雨,小弦切切如私语。嘈嘈切切错杂弹,大珠小珠落玉盘。"中国从古至今,民风尚乐,各种乐器也陆续诞生,琵琶、萧、笛、二胡、编钟等,均是民族乐器的代表。当代,西洋乐器普及,民乐对于中小学生的吸引却丝毫不逊色,江南丝竹更是唤起民乐爱好的热潮。对于音乐教师,将学生对于民乐的热忱付之于真正意义的学习,从而起到传承与传播中华文明的作用,是一种责任与使命,凸显了音乐以美育人、以美化人、以美润心、以美培元的本质。基于此,音乐教研组将围绕中国乐器之一主题,带领学生聆听华夏之音。

2022年4月,国家教育部颁布新义务教育课程方案,其中着重强调厚植爱国主义精神,弘扬中华优秀传统文化。同时,在《新义务教育艺术课程标准》中,指出以美育人、重视艺术体验、加强课程综合的理念,以审美感知、艺术表现、创意实践、文化理解为核心素养,意在培养学生发现美,在艺术审美中的实践力与创新力,并形成正确的民族观与文化观等,增强文化自信。

以新方案与新课程标准为指导纲领,音乐教研组紧密围绕青浦世外"中国心、世界眼、未来脑、创新手、时代行"的15字育人目标,建立学科目标矩阵,基于"中国心"在低年段的目标是"在欣赏、演唱、表演、创造中体验并感知中国传统音乐文化,产生热爱祖国,热爱民族文化的意识。"

对于民族乐器的欣赏与理解,在教学中源自对音符的认识、节奏的创编,与之相关的教学内容均在沪教版低年段《唱游》(音乐)教材有所呈现。为此,教研组以中国打击乐作品《鸭子拌嘴》为始,引导学生认识音乐要素,了解传统文化,创编个性化乐器化的个性作品,从而提升对中国古代乐器的理解。

基于以上,本项目以"如何运用民族乐器的原理用身边的材料创作乐器并演奏?"为驱动问题,以学习、创编、表演为主线活动,探究中国古代乐器的制作与发声原理,并以创编、演奏的方式表达节庆活动中的喜悦之情。

二、项目设计

(一) 对应课程内容和标准

1. 课程内容

"聆听华夏之音"在音乐学科方面主要涉及沪教版唱游教材中拍号、音符的认知,编演的节奏创编、小乐器演奏等课程内容,引用民族乐《鸭子拌嘴》、民乐合奏《茉莉花》等传统乐曲。

2. 课程标准

《聆听华夏之音》课程内容的设计基于《艺术课程标准》(2022 年版)的课程目标[《唱游》(音乐)1~2 年级]。

(1) 能体验音乐的情绪与情感,了解音乐的基本特征,感知音乐的艺术形象,对音乐产生兴趣。

(2) 能积极参与演奏、律动等艺术活动,积累实践经验,享受艺术表现的乐趣,在各种艺术实践中初步建立规则意识和合作意识。

(3) 对音乐有好奇心和探究欲,能在探究声音与音乐的过程中表达自己的想法和感受。

(4) 初步了解中国音乐文化和世界多元音乐文化。

(二) 问题和任务框架

本项目的问题与任务框架从本质问题、驱动问题、核心任务与问题链展开剖析后，依据问题链设计相应的任务群（图1、表1）。

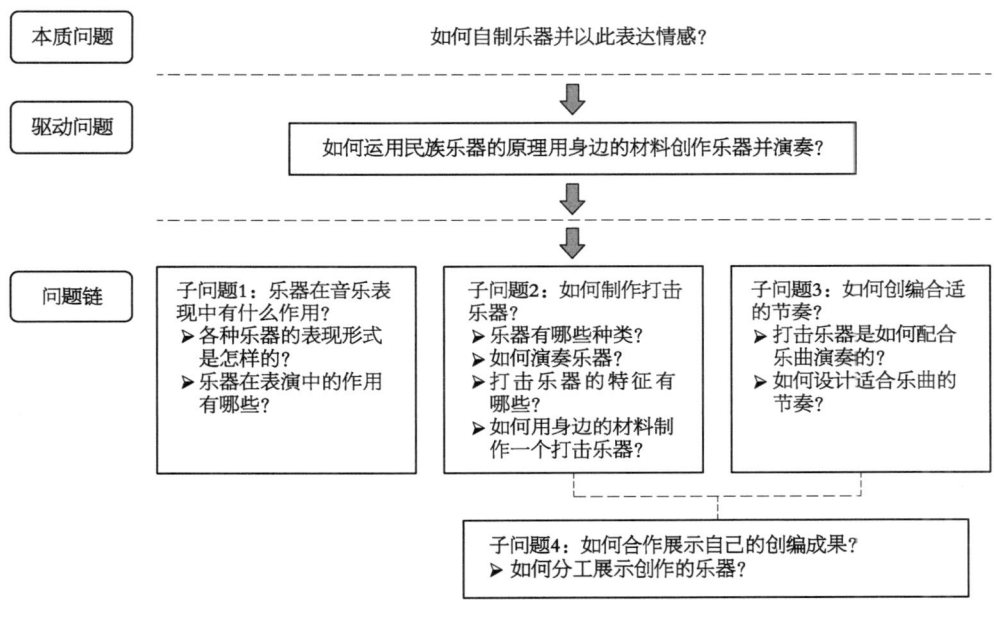

图 1　项目问题链

1. 本质问题

本项目以欣赏、创编、表演为主线活动，探究中国古代乐器（依据年级特征以打击乐器为主）的制作与发声原理，并以创造、编奏的方式进行表达，体会音乐在情感表达上发挥的作用，以及以节奏为载体表情达意的过程。

故而，设定本质问题：如何自制乐器并以此表达情感？

2. 驱动问题

如何运用民族乐器的原理用身边的材料创作乐器并演奏？

3. 核心任务

以身边的材料创制民族乐器,创编节奏并表演。

4. 问题链

为完成核心任务,解决驱动问题与本质问题,本项目设计以下子问题:

(1) 乐器在音乐表现中有什么作用?
(2) 如何制作打击乐器?
(3) 如何创编合适的节奏?
(4) 如何合作展示自己的创编成果?

5. 任务群

依据项目的问题链设计,以核心任务为中心,设计任务群。本项目共分为启动项目提出问题、知识能力建构、公开成果、完善反思4个任务环节。

表1 项目任务群

聆听华夏之音			
核心任务:以身边的材料创制民族乐器,编创节奏并表演。			
任务1:提出问题	任务2:知识能力建构	任务3:公开成果	任务4:完善反思
活动1:了解民族音乐的重要元素 活动2:了解民族打击乐器	活动1:学习民族乐器的结构组成 活动2:观看并分析民族打击乐器的演奏方式与特征 活动3:组建乐队,分工并学习制作乐器	活动1:制作民族乐器 活动2:了解打击节奏在乐曲中的作用 活动3:以民乐为背景配合自制乐器,展示成果	活动1:反思并完善 活动2:反思并迁移

三、项目目标

(1) 通过案例视频(民乐合奏)的欣赏与分析,了解中华民族善以音乐表情达意的传统。同时，了解民族乐曲可以表情达意的特点，在此过程中发现不同种类的乐器相互配合可以演绎出不同的音乐效果，表达独特的音乐思想。

（2）通过对节奏概念等音乐元素的理解，学习创编节奏型；通过对案例视频的观看、分析，了解自制乐器创编、表演所需的条件；通过分工和乐队组建学会合作，并在合作中了解"配器"概念，为创编演奏做准备，并在此过程中实现相关实践技能的积累。

（3）依据标准制作乐器，并使用自制的打击乐器进行配乐和演奏，进行项目展示。同时，以小组为单位介绍自制打击乐器，形成基于"理想化配器"原则的演奏小组。

（4）回顾整个项目的开展过程、创编流程，体会用乐器演奏进行表达的力量及传统音乐带来的美的感受。

四、项目过程

本项目依据启动项目提出问题、知识能力建构、公开成果、完善反思 4 个任务环节，设计项目实施过程。

（一）提出问题

通过观看中国古代民乐合奏的演奏视频，了解在远古时期人们就用音乐表达喜悦等情感，并能够制作精良乐器演奏的历史。从而提出驱动情境：乐曲可以传递情感，古人智慧地运用各种材料，以敲击的方式为旋律编配伴奏，为音乐制造更为立体、丰富、厚重的音响效果。迎新活动在即，同学们能否自己制作打击乐器、创编节奏型为旋律伴奏呢？随后，针对这个驱动问题，与学生共同分析问题中所包含的重要元素，如"民乐""乐器"等，并思考达成任务需要学习的知识与技能，如"民乐的特征""打击乐器的制作"等。

（二）知识能力建构

此阶段学生主要通过 4 个主要活动，对核心任务所需的知识与能力自主建构：① 认识音乐的重要元素；② 了解民族打击乐器；③ 学习常见的打击乐节奏型;④ 了解乐器的制作,组建乐队。

1. 了解音乐的重要元素

通过观看、分析案例视频,了解乐音与噪声的区别,从而提出"节奏"这一重要概念,知晓节奏的基本概念为"组织起来的音的长短",初步了解节奏是将节拍、强弱等音乐要素有机结合在一起的重要音乐表现手段之一,并能初步了解节奏与常见音符之间的关系。

2. 了解民族打击乐器

观看民族打击乐曲《鸭子拌嘴》的视频资料,了解民族打击乐器合奏可以模拟的各种音乐形象,用音乐还原生活场景,表情达意。同时,通过分析案例视频和小乐器的现场体验演奏,了解不同材质的打击乐器音色的大体区别。

3. 学习常见的打击乐节奏型

在学习、演奏常见的节奏型之前,基于学情先引导学生了解常见音符的时值关系,了解节拍、小节等基本音乐概念。以模仿为先驱,学习创编适合打击乐器的节奏型,并尝试合作演奏。

4. 了解乐器的制作,组建乐队

通过了解不同材质打击乐器的音色特点,改造常见的生活用品,设计一件打击乐器,展示设计的乐器成品邀请同学按照标准投票,以配器效果为出发点,选择最为合适的乐器,组建小乐队。

(三) 公开成果

依据选中的设计,以小组为单位制作乐器。以迎新活动为时间背景,学生需要通过技能积累、反复操练、优化作品、小组合作展示制作、创编成果。

通过评价先行,引导成果的方式,以既有的评价标准为基准,对其他小组的节目进行点评和投票,投票选出班级优胜小组(每班两组),推选成功的节目参与年级展演,并从中择优选拔迎新活动的节目。

（四）完善反思

学生通过公开展示环节欣赏其他小组的创编成果；通过相互评价，获取来自其他小组成员的意见与建议，吸取各环节的学习经验积累乐器制作经验，积累节目创编经验，积累团队合作经验。

五、项目成效

从学生的项目成果展示环节，可见学生能够通过小组内的沟通合作，建构自制打击乐器，创编合适的节奏型，并且能够基于标准展开表达与交流，完成本次的核心任务，可见主要目标达成度较高。

在项目反思阶段，学生围绕民族乐器制作、节奏创编、合作表演几个方面展开反思与讨论。通过反复试验，分享乐器的制作方案，学会从音色、质量、演奏舒适度等方面改良自制打击乐器。在此过程中，展现对民族乐器继续探索的好奇心与喜爱。

在反思与讨论中，学生提出"不同的乐器可以根据发音、音色特点配合演奏不同的节奏型""小组合作时，乐器多样与否一定程度上决定了作品的音响效果""小组配合时需要想队友所想，多为队友着想""自制打击乐器音量有限，选择音量过大的背景音乐会影响演出效果"等等有内涵、有深度的总结。通过反思，学生对知识与技能的构建进行了再一次的巩固。

六、项目反思

经历本项目的设计与实践后，学生对于民族乐器的认识与喜爱程度提升了，同时以自制民族打击乐器的形式，在学校和家庭范围内推广了民乐的原理和民乐之"美"，充分展现了学生在项目过程中审美、创意、表现、文化理解等各类素养的形成。基于"迎新活动"节目征集、选拔的《聆听华夏之音》也为将来的音乐学科项目式教学提供了经验与思路。

（1）文化传承与理解是培育学生艺术素养的重要理念。伴随新义务教育艺术课程标准的研读与理解，我们对于审美感知、艺术表现、创意实践、文化理解4个核心素养相互融合的感受至深。在音乐教学中，时常发现以文化欣赏类的教材内容为教学主体时，容易遇到课堂教学设计上的困扰。项目式学习让教师发现了一条新的道路，以文化传承与理解为首，弘扬中华优秀传统文化，在此过程中欣赏、体验、创造、表现，从而真正为中华民族的创造性感到自豪。本项目以中国乐器为主要内容，在理解、欣赏、创作与表现中对文化进行理解与传承，在此过程中，展现学生素养的形成。

（2）活动设计需符合学生的认知发展。中国乐器种类很多，弦乐、管乐、打击乐十分丰富。本项目在前期阶段，让学生认识了多种民族乐器，但在设计与制作时却落脚于打击乐器，是考虑低年段学生的学情以及课标的相关要求，符合学生认知发展的选择。学生从较为容易从"敲击"与"节奏"入手，自主发现认识、创作与运用一种乐器所需的知识与技能，在未来对乐器的理解与学习中会有与众不同的感触，这亦是项目式学习给予学生的深度影响。

案例 2

戏剧创作——演绎成语的世界

上海青浦区世外学校　郑敏燕

一、项目背景

中国是个拥有上下五千年文明的国家,蕴含着无数的文化珍宝和多样的承载形式,以成语的方式表示更多深刻含义是古今文人们的惯用方式,而理解这些具有深刻意义的成语对文化传承与传播有积极的意义。在义务教育小学段,学生对于四字成语的理解有深有浅,而戏剧成为一种诠释它们的良好方式。戏剧是自古流传的一种以话剧、音乐剧、舞台剧等为表演形式的表达模式,它的创作需要多种能力素养,因而也成为我校的核心课程之一。于是,艺术教研组本次以戏剧创作为学习方式,以成语故事为创作内容,开展以创作促进文化理解的学习。

2022年4月,国家教育部颁布新义务教育课程方案,其中着重强调厚植爱国主义精神,努力学习和弘扬中华传统文化。同时,在《新义务教育艺术课程标准》中,明确指出基础教育阶段对学生审美感知、艺术表现、创意实践、文化理解4个核心素养的培育,在文化理解的培育中帮助学生形成正确的历史观、民族观、国家观、文化观,增强文化自信等。

在新方案与新课程标准的指导下,艺术教研组紧密围绕青浦世外"中国心、世界眼、未来脑、创新手、时代行"的15字育人目标,以"中国心"为核心,以艺术的样态学习中国传统文化,树立民族文化自信,以"演绎成语的世界"为主题,与学生共同展开项目式探究。

本项目以"如何用创编剧本与表演的方式表达对成语故事的深刻理解?"为驱动性问题,以查询、分析、创作、表演为主线活动,探究用戏剧表演的方式对成语故事涵义进行深度理解后再次表达的过程,从而更为深入地了解自身在学校的成长目标,同时提高语言、肢体、情感沟通等综合表达的能力。

二、项目设计

(一)对应课程内容和标准

1. 课程内容

"演绎成语的世界"在戏剧学科方面主要参考、借鉴我校戏剧课程校本教材中的剧本创编、剧目创排等单元来进行探究实践。

2. 课程标准

"演绎成语的世界"课程内容的设计基于《艺术课程标准》(2022年版)的课程目标(戏剧)。

(1)了解戏剧创编与表演,学习运用多种艺术手段进行表达的能力。

(2)能对戏剧进行初步欣赏和分析,能够初步表达观剧感受和见解,并逐步形成向善、向美的价值观。

(3)掌握中国戏剧艺术的基本常识,了解中国戏剧艺术所具有的审美特征,坚定文化自信。

(二)问题和任务框架

本项目的问题与任务框架从本质问题、驱动问题、核心任务与问题链展开,依据问题链设计相应的任务群(图1、表1)。

1. 本质问题

如何更好地理解成语的内涵?

2. 驱动问题

如何用创编剧本与表演的方式表达对成语故事的深刻理解？

3. 核心任务

创编（或改编）成语故事的剧本，并进行展演。

4. 问题链

为完成核心任务，解决驱动问题与本质问题，本项目设计以下子问题：
(1) 一场戏剧由哪些元素组成？
(2) 如何将一个成语故事改编成剧本？
(3) 如何组织好戏剧节目的排练？
(4) 如何展示自己的创编、排练成果？

5. 任务群

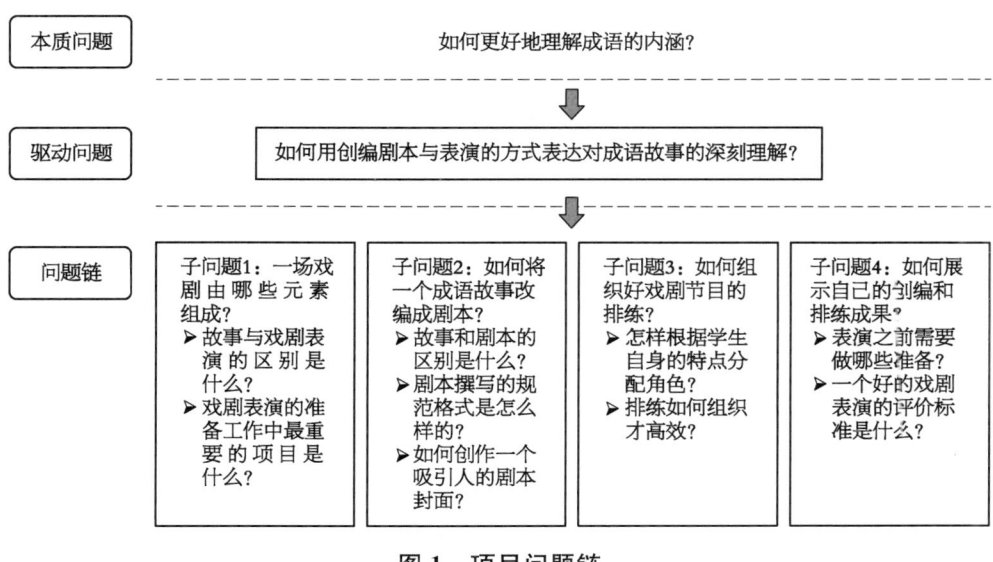

图 1 项目问题链

依据项目的问题链设计，以核心任务为中心，设计任务群。本项目共分为提出问题、知识能力建构、公开成果、完善反思 4 个任务环节,在每一环节设计相应的活动。

表 1　项目任务群

戏剧创作——演绎成语的世界			
核心任务:创编(或改编)成语故事的剧本,并进行展演			
任务 1:提出问题	任务 2:知识能力建构	任务 3:公开成果	任务 4:完善反思
活动 1:了解故事与戏剧表演的区别 活动 2:探究一个戏剧表演的准备项目有哪些	活动 1:学习区分故事与剧本的区别 活动 2:学会撰写格式规范的剧本 活动 3:根据自己喜爱的成语组建创排小组,创编剧本及排练成语故事戏剧表演节目	活动 1:剧本展示 活动 2:戏剧节目展示	活动 1:反思并完善 活动 2:反思并迁移

三、项目目标

(1)通过阅读愚公移山的故事,并观看戏剧表演——《愚公移山》,在欣赏与分析中了解"故事"与"戏剧表演"的异同。引导学生查询、了解一场戏剧表演所需要做的各种准备,发现其中最重要的环节是剧本的撰写和剧目的排练。

(2)通过阅读《愚公移山》剧本,再与相应的"成语故事"相比较,了解剧本与故事文本的区别,学会撰写格式标准的剧本。同时,组建创排小组,查询成语的内涵,为创编表演做准备,并在过程中实现相关实践技能的积累。

(3)通过评价先行,引领成果的方式,帮助学生运用已建构的知识与技能修订评价标准,分小组介绍自己的剧本,并展示所选成语故事的戏剧表演。

(4)回顾整个项目学习的历程,从编剧创作到排演的流程,获得用戏剧表演进行表达的经验,体会传统文化带来的美。

四、项目过程

本项目依据启动项目提出问题、知识能力建构、公开成果、完善反思 4 个任务环节，设计项目实施过程。

（一）提出问题

《愚公移山》的故事叙述了愚公不畏艰难、坚持不懈，最终感动天帝而将山挪走的故事。在这则故事中愚公的坚持不懈与智叟的胆小怯懦形成了鲜明的对比，同时其中的"愚"与"智"也形成对比，表现了中国古代劳动人民为了克服困难而坚持不懈的信心和毅力。

在项目的初始阶段，学生首先便以《愚公移山》的故事为起点，他们阅读故事，又观看戏剧表演视频《愚公移山》。在对同一个故事，用阅读与欣赏表演的方式展开分析中，发现当人们用戏剧的方式，形象、生动地将想象的画面表达出来后会更加的生动有趣。并且，他们在分析戏剧表演《愚公移山》时，还发现了若是要设计一场故事演出，需要更加深刻地理解故事的内涵。

于是，驱动问题在这个时候被提了出来：大家有喜欢的成语故事吗？我们能否用创编剧本以及表演的方式，将这个故事深刻的意义进行分享？

同学们都积极参与这个任务，纷纷表达"我要表演覆水难收，我要表演巧夺天工"……在此起彼伏的话语中，继续引导学生思考"一场戏剧的表演需要哪些元素支撑"，在查询、讨论与交流中，他们发现，戏剧表演其中最重要的准备就是剧本的撰写和剧目的排练。

（二）知识能力建构

理清要素后，学生就进入了学习的阶段。首先，最重要的是剧本，剧本与普通的故事讲述有什么区别？学生搜寻同一个名称的故事文本与剧本，发现故事文本往往是叙述，虽然有场景描述与人物对话，但是终究是以讲故事的方式表达。在剧本中，对场景的布置描述，对人物的动作位置的刻画，甚至人物语言情绪的表述都非常的精准，从而理解剧本的最大作用在于情境的复现，甚至是创造性地再现。

随后,学生查询了剧本的规范格式,在学校戏剧老师的引导下,理解每一个元素的作用,例如场景布置、对白、独白等。

在理解了剧本的撰写后,学生便以小组为单位寻找富有层次感的成语故事,并开始分工撰写剧本。剧本完成后,相互阅读并整理剧本顺序,随后分工合作完成任务。

在合作中,学生承担服装、道具、妆容、演员、旁白、摄影等各种任务,共同从深度理解戏剧的元素,以及从这些元素中表达成语深刻的内涵。

(三)公开成果

当学生完成排演后,进行内部评选最优的作品,从而在学校迎新活动中展示。为公正,大家共同制定"一场能够表达成语故事内涵的戏剧需要达到的要求标准",如服装符合人物形象、语句生动、场景布置合理、能够表达成语的内涵等。

在各组的展演中,学生认真倾听并客观评价,同时对选中的表演提出完善的建议,全班同学一起积累表演的技能,反复操练,优化作品,以最好的班级作品在迎新活动中大放异彩。

(四)完善反思

学生们在相互的展示、评价、建议中获得了让自己的成语故事表达得更加好的建议,他们从成语故事的剧本开始入手分析,不断地持续表演,甚至在此过程中理解了一些经典不断翻拍的意义。学生又对整个项目的经历展开回顾,吸取各环节的学习经验,例如分析故事、剧本撰写等,获得了表达一个事件或者现象内涵的能力。

五、项目成效

从学生的项目成果展示环节,可见学生能够通过小组内的沟通合作,创编完整的剧本。他们又通过学习戏剧排演的知识与技能,建立标准,完成本次的核心任务——创编并表演成语故事。一个又一个的成语故事呈现在班级展演甚至迎新展演时，我们看到了这一次项目化学习带给学生们的意义。

在迎新表演中有一个小组再次选择了《愚公移山》，他们给出继续选择这个故事的理由，他们想将人物内心更加鲜明地表达出来。他们创编的剧本中，增添了旁白内容：愚公一家人从不同角度对"移山"这件事的态度转变，以及最后成功时，大批劳动人民欢呼（学生自己找的群演），这些内容增加了对观众的吸引力。最终，他们的成果也获得了班级最佳戏剧节目的荣誉。

从这个例子中，我们可以看到学生在学习中能够从事件的背景、人物的内心、环境的氛围等方面去诠释一个成语的内涵，对于本质问题的回馈显示出高成效。

六、项目反思

在经历对本项目的设计与实践后，发现在基于问题引领的项目式学习的推动下，学生能够深入地了解成语、学习戏剧表达，并在此过程中形成沟通与合作等素养。项目设计与实践的始终，对于教师也有一些启发。

（1）项目式学习中"以终为始"的理念十分重要。伴随项目式活动的推进，教师们越发发现项目成果对于学生的吸引力对项目的推进起着至关重要的作用。本项目中，"成为一个演员、导演、服装设计师、灯光师、编剧"等在"创编并表演成语故事"的背后形成一种隐形的成果与目标。从调动学生的兴趣来说，这些都成为一个实际的、落地的短期目标，能够极大程度地激发孩子对探究成果的期待，激发他们的探究欲，调动他们的积极性。

（2）活动开展的核心要义是引导学生实现个人核心素养的发展。核心素养是课堂教学中育人价值的集中体现，学生需要为了使用某些素养而去习得。为此，项目式学习的设计与实践需要紧密联系学生核心素养的发展，通过丰富有趣的合作创编形式，引导学生对于成语内涵的理解，在此过程中通过戏剧的多元手段，让学生发展全方面的素养，在不断的实践体验中提高审美感知等。

案例 3
中国年画

上海青浦区世外学校　杨梦雅

一、项目背景

在经济日趋全球化的今天,由于世界艺术文化的不断涌入,中国民间文化逐渐在历史的长河中被淡化,许多中国民间传统艺术徘徊于消亡的边缘,为此"非物质文化遗产"(简称"非遗")呈现。青少年是被寄予传承并弘扬国家优秀文化的重要群体。为解决我国民间艺术文化所面临的危机,在基础教育阶段开展相关的教学,引起全民对"非遗"的重视是响应传承文化号召的重要举措。因此,面对当下学生对中国传统文化知之甚少的现状,势必应在学校开设符合本校特点的中国民间美术项目式课程。

年画作为中国民间的新年祝福之作,除了有普遍的承载祥瑞的文化寓意之外,还具有特殊的艺术性,是中国民间艺术的先河,能够很好地体现出我国优秀传统文化的灿烂与辉煌。年画所具有的文化底蕴,所体现的古老艺术性以及所承载的中国优秀传统文化的魅力,很有教育意义。将传统民间年画引入小学美术中,以此提高学生对我国优秀民间艺术文化的认同感、自豪感,让学生了解掌握中国民间艺术文化发展历程,丰富美术教育内涵,同时也是弘扬民族民间文化的有效途径。

国家教育部颁布的新义务教育课程方案着重强调厚植爱国主义精神,《新义务教育艺术课程标准》明确指出以任务驱动的方式遴选和组织课程内容。课程内容坚持以中华优秀传统文化为主体,吸收、借鉴人类文明优秀文化成果,追求精神高度、文化内涵、艺术价值相统一。课程总目标指出感受和理解我国深厚的文化底蕴,传承和弘扬中华优秀传统文化,坚定文化自信,铸牢中华民族共同体意识。

基于新方案与新课程标准,美术教研组围绕青浦世外"中国心、世界眼、未来脑、创新手、时代行"的15字目标,制定了美术学科目标。在"中国心"这一维度中,注重文化理解的培育,让学生在艺术活动中形成正确的历史观、民族观、国家观、文化观,尊重文化多样性,增强文化自信。于是,围绕"中国年画"主题,美术教师欲将新方案与新课标的理念融入本次设计之中。

在教材研究中亦发现,关于民间艺术"年画"在美术学科的教材中有具体的呈现,主要是对年画的探究,引导学生利用不同的工具、材料和技能制作传统工艺品,学习年画工艺师敬业、专注和精益求精的工匠精神。

基于以上,本单元以"如何策划一场中国传统民间艺术年画形式的迎新画展?"作为驱动问题,来帮助学生探究民间工艺美术中的年画。学生在调查研究各种民间年画中分析年画的色彩和构图的艺术特点,通过动手设计涂绘十二生肖主题年画感受年画独特的美,了解年画是中国民间最普及的艺术品之一。

二、项目设计

(一) 对应课程内容和标准

1. 课程内容

"中国年画展"在美术学科方面主要参考沪教版三年级第一学期第六单元美术教材"感受民间艺术"单元中第三课"好看的农民画"课时的内容。

2. 课程标准

依据涉及的课程内容,在设计项目时仔细研读了《义务教育美术课程标准》相关的课程标准,从而使活动项目的设计能够促进学生的美术素养的发展。

《上海市小学美术学科教学基本要求》对本项目的基本要求是：

（1）学会色彩表现，用类似的颜色统一画面的色调，能用强烈的对比色表现强烈的色彩效果。

（2）知道单独纹样的特点，初步学会简化、夸张、添加等方法设计单独纹样。

（3）能对搜集的素材进行挑选，确定画面的主要形象、背景和表现形式。

（4）学会从作品内容、作品表现形式及手法的角度，根据描述和分析，推测作品所表达的情感意图，阐述感受及理由。

（5）了解民间工艺来源于民间生活，体现人们的美好理想和寓意。

（二）问题和任务框架

本项目的问题与任务框架从本质问题、驱动问题、核心任务与问题链展开剖析后，依据问题链设计相应的任务群（图1、表1）。

1. 本质问题

本项目以民间艺术文化是传播社会主义核心价值观的重要途径为整体背景，确定本质问题为：中国民间艺术该如何推广？

2. 驱动问题

如何策划设计一场以"年画"为主题的画展来推广中国传统民间艺术？

3. 核心任务

策划一场中国传统民间艺术年画形式的迎新画展。

4. 问题链

为完成核心任务，解决驱动问题与本质问题，本项目设计以下子问题：

（1）什么是年画的文化价值？

（2）年画有哪些分类和创作特点？

(3) 如何配合迎新主题用十二生肖来进行创作？

(4) 如何策划一场"年画"画展？

5. 任务群

依据项目的问题链设计，以核心任务为中心，设计任务群。本项目共分为启动项目提出问题、知识能力建构、公开成果、完善反思 4 个任务环节。

三、项目目标

(1) 通过调查年画的特性和发展现状，发现传承和创新国家非遗文化的重要性，产生更好发展中国民间艺术"年画"强烈内驱力，以此为项目驱动问题，明确项目的核心任务。同时，研讨并制定初步计划与相应标准，以此导向任务目标的达成。

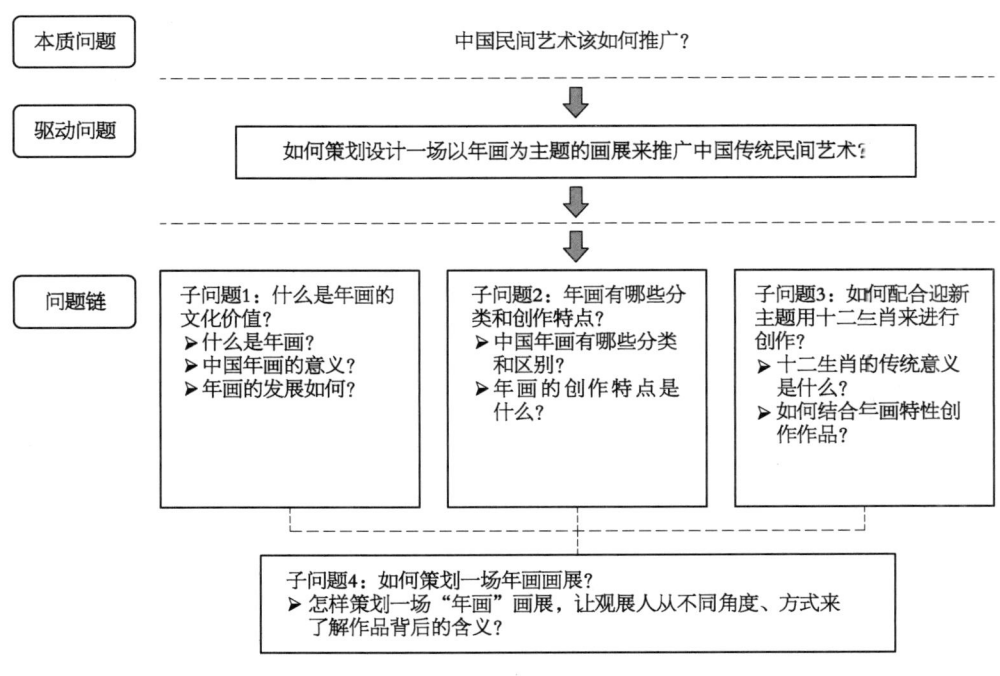

图 1　项目问题链

表 1　项目任务群

中国年画			
核心任务：策划一场中国传统民间艺术年画形式的迎新画展			
任务1：提出问题	任务2：知识能力建构	任务3：公开成果	任务4：完善反思
活动1：调查大家对年画的了解 活动2：调查中国年画的现有展示途径 活动3：明确项目任务（分析驱动问题，理解核心任务，制定初步计划与标准）	活动1：探究中国传统民间艺术年画的形式 活动2：学生亲自实践制作民间艺术作品年画 活动3：组织学生前往当地或周边参观民间艺术作品 活动4：利用多媒体技术搜集中国传统民间艺术的信息 活动5：根据展览主题安排画展布展，配合展览主题安排相应的创作、文字介绍等	活动1：制定评价标准 活动2：绘制主题年画作品 活动3：现场布展	活动1：反思并完善 活动2：反思并迁移

（2）通过制作思维导图、网络调查等方式，知道年画是中国传统文化的重要组成部分，具有独特的纹样、配色、样式等艺术特色和特点，了解年画在民间的制作技艺和方法。同时，习得用多媒体搜索查询相关内容，为年画画展做好知识与技能的储备。

（3）通过"以终为始"的评价先行理念，帮助学生运用已建构的与年画相关的知识与制作技能修订评价标准，并以此制定"年画"画展方案，通过自行创作主题年画和布展，形成依照标准与方案完成成果的经验。

（4）通过客观的评价与反思完善设计布展；同时，通过反思整个项目的学习历程，总结完善设计布展的经验，收获传承与传播中华民间艺术的自豪感。

四、项目过程

本项目依据启动项目提出问题、知识能力建构、公开成果、完善反思 4 个任务环节，设计项目实施过程。

（一）提出问题

学生通过网络信息、电视新闻、民间艺术展讯等途径收集当下民间艺术年画的文化价值相关信息，并以此分析、讨论，发现中国民间文化逐渐被人们忽视，许多传统艺术徘徊于消亡的边缘。为应对我国民间艺术文化所面临的危机，"我们需要做些什么"来让身边的人更好地感受到民间艺术的文化内涵和价值。

此时，提出"如何为学校策划一场年画展，让更多同学了解年画，喜欢年画"的问题，并在讨论中明确在校园环境中"策划一场中国传统民间艺术年画形式的迎新画展"任务，根据任务制定了计划表与初步评价标准。

（二）知识能力建构

学生在驱动问题的引领下，决定先以小组为单位，在小范围内调研大家对年画的认知，并分工查阅与中国民间艺术年画相关的文字、视频资料，了解中国传统民间艺术的发展历程、艺术特点、主要形式和流派等。

在此过程中，进行实践性学习，通过亲自实践制作民间艺术年画作品，体验制作手工艺术的乐趣，并且掌握民间艺术年画的制作技艺和方法。

利用多媒体技术搜索调研后，通过中国传统民间艺术的图片、视频等，更加直观地了解民间艺术的艺术形式、特点和表现手法。

最后，确定展览的主题，可以根据不同的时间、地域、流派、题材等方面分类选取主题；再根据主题和展览空间的大小、形状等因素，制定画展的布展计划，展示不同时间段、地域、流派的年画作品。同时，配合展览主题安排相应的作品鉴赏、作品创作和文字介绍等。

（三）公开成果

本阶段学生需要修订评价标准，明确通过以上策划和安排，可以使以年画为主题的民间艺术画展更加生动、丰富和有趣，展现年画的独特魅力和民间文化的深厚底蕴，同时也促进年画文化的传承和发展。

学生以小组为单位，依据标准分别负责画展的不同部分进行布置和规划。通过以上教学方式的综合运用，可以使学生更好地了解和认识中国传统民间艺术，提高他们的艺术素养和创作能力，促进中国传统文化的传承和发展。随后，根据制定的评价标准进行评估，并提出相应的修改意见。最终，拟定项目成果的评价标准，明确画展要求，为后续制作成果指定明晰的方向。

（四）完善反思

项目最后，小组根据评价完善年画画展，进行画展满意度调研活动。同时，回顾从本项目中所学的知识、技能以及解决问题的历程，介绍经历与感受，回归本质问题：中国民间艺术该如何推广？

五、项目成效

从学生的项目成果中国传统民间艺术年画形式的迎新画展中（图2），可见学生能够通过小组内的沟通合作，建构中国民间艺术年画的创作知识与技能，

图 2　学生年画作品

并且能够在组内展开表达与交流，完成策展计划，表现出较好的小组合作和探究能力。

学生能够总结年画的意义：年画的"年"代表其有较强的节俗性，"画"则凸显其作为美术品的观赏特征。在创作动物主题年画时能够从多方面表现作品，如年画以鲜明的色彩为主要特征，使用的颜料以红色、黄色、绿色、蓝色等明亮鲜艳的颜色为主，富有活力和喜庆感。创作的年画图案多样，通过总结年画中的纹样信息创作内容丰富、多种元素结合的年画作品。同时能够抓住年画简洁明快的主要特点，在图案中省略了大量细节，形象简洁明了，使得画面更具有表现力和感染力。

在策划画展环节也别出心裁，设计了观众互动的展示区，通过安排互动体验区，让观众在欣赏年画的同时，也可以亲自体验年画的制作过程，增加参与度和艺术感受。

六、项目反思

在经历对本项目的设计与实践后，发现在这样的项目式学习的推动下，学生自主性得到加强。项目提供了让学生根据自己的兴趣选择内容和展示形式的决策机会，学生能够自主、自由地进行选择和学习，从而有效地促进学生创造能力的发展。项目式教学确实能够更深层次地引导学生理解相关知识。

（1）分析学生与本质问题之间的联系是设计驱动问题的关键。"非遗"对于学生来说是一个陌生的词汇，面临非物质文化遗产的流逝，如何让学生能够意识到"非遗"的价值并主动去传承与传播是巨大的挑战。这是因为问题的本质与学生的现实生活存在理念与实际上的双重鸿沟，如何在鸿沟上建桥便是驱动问题的重要性所在。在本项目中，美术教研组基于课标与国家教材的研究，以"画"为基，以"年"为力，让至今受学生喜爱的中国新年成为带动传统文化传播的驱动力，在"策办年画展"的任务中，学生主动接触"非遗"、传播非遗，达到了项目式学习的目的。从中，我们也可以看到，分析学生与本质问题之间联系的重要性。

（2）组织并促进小组评价是促进学习成效的关键之一。学生基于标准的小组评价是项目式评价中重要环节之一，促进主动学习与审辨思维的形成。在进行小组合作评价时，要注意细化小组合作的各个维度，保证评价标准清晰、明确，为学生合作能力的提升提供指导。此外，小组内互评的另一优势在于能够充分了解同学的想法，促进下一步协作。在年画画展项目中，在分组进行策展的小组活动中进行的评价环节，呈现高成效的状态。

第七章 "中国心系列课程"项目案例
——体育篇

> 丢，丢，丢手绢，
> 轻轻地放在小朋友的后面，
> 大家不要告诉他，
> 快点快点捉住他，
> 快点快点捉住他。
> 快点快点捉住他。
>
> ——歌谣《丢手绢》（作曲：关鹤岩，作词：鲍侃）

在欢快的儿歌中可以感受到中华民间游戏丢手绢给孩子带来的乐趣与欢乐，这些游戏代表了民间体育的传统，更呈现了一幅温馨的图画，同时这样的运动也让孩子们在闲暇之余获得了锻炼，让他们爱上运动。

为国争光、无私奉献、科学求实、遵纪守法、团结协作、顽强拼搏的中国体育精神须深深植入儿童的校园生活，从小培育体育素养。

运动能力、健康行为、体育品德是现今体育与健康课程需要培育学生的核心素养。希望学生在学习中享受运动乐趣、掌握锻炼方法，达到《国家学生体质健康标准》（2014年修订）的要求。在此过程中，理解体育锻炼对健康的重要性，形成良好的运动习惯，并且在活动中形成团结合作、不怕失败、高尚品格、自信自强的品格。

兼具实践性和健康教育实用性的特征,体育与健康课程正转变为以学生发展为本的样态,它提倡教师创设更为丰富的教学情境,在保证动作正确、重难点都能让人理解的前提下开展自主、合作、探究式的学习,重视学生解决实际问题的综合能力。

"弄堂游戏"是20世纪上海老房子中诞生的一种所需面积不大、形式内容丰富、材料资源简易的游戏活动,其中蕴含着关于中华体育精神的奥义,在学生们深入地探索与创造中,也展现出体育与健康课程的一种新形势。

案例

弄堂游戏

上海青浦区世外学校　俞　帆

一、项目背景

20世纪，弄堂游戏流行于上海石库门的大街小巷中，是人们喜爱的民间体育游戏，这类传统游戏的形成反映了上海当地人民的文化和生活方式。随着科技发展，现代化的电子游戏越来越多地出现在学生的视野里，占据了学生大量的运动游戏时间，造成学生对传统体育运动也逐渐失去了兴趣。为了让学生能体验到传统体育运动的乐趣，丰富学生体育活动的形式，体育教研组以"弄堂游戏"为切入点，开展项目学习。

2022年4月，国家教育部颁布新义务教育课程方案，其中着重强调厚植爱国主义精神，使学生成为坚毅勇敢、自信自强，拥有奋斗进取的精神，养成体育运动的习惯。同时，《新义务教育体育课程标准》明确指出拥有探究能力与创新精神，认识运作规律与时代问题，运用体育打造更好的自己。

基于新方案与新课程标准，体育教研组围绕青浦世外"中国心、世界眼、未来脑、创新手、时代行"的15字目标，制定了相应的学科目标。在"中国心"维度中，学生能建立对传统运动的兴趣，能掌握至少一项传统的运动技能。在"创新手"这一维度中，着重指明培养学生用体育创新的意识，提高灵敏性、平衡能力、自我展示能力等，并学会与伙伴相处。

同时，在教材研究中发现，关于"弄堂游戏"在体育学科的教材中有具体的呈现，主要涉及传统体育、民间体育的内容，适合在室内狭小空间内使用简易器材开展体育锻炼和游戏。

基于以上，本项目以"如何设计一场有趣的弄堂游戏运动会？"为驱动问题，引领学生展开关于弄堂游戏的调研与研究，依据它的特征结合学校游戏创设的需求，展开校园"弄堂游戏"的创作，在合作中成功地举办一场运动会。

二、项目设计

（一）对应课程内容和标准

1. 课程内容

"弄堂游戏"在体育学科方面主要参考沪教版体育教材"体育与健身"单元中"民间体育""趣味体育"两课时的内容。

2. 课程标准

依据涉及的课程内容，在设计项目时仔细研读了相关的课程标准，从而使体育活动项目的设计能够促进学生身体素养的发展。

《义务教育体育与健康课程标准》(2022年版)与项目相关的内容要求是：理解参与体育锻炼、展示或比赛对个人品德塑造的重要性，遵守体育游戏、比赛或展示规则，诚实有信，具有公平竞争的意识和行为。

与《体育与健康》相关的学科要求是：

（1）根据《小学体育器材设施配备标准》《中小学健康教育指导纲要》建设相关场地，配备器材、设施，保证体育与健康课程有效实施。

（2）开发、巧用校内外的场地和设施资源，发挥器材多种功能。

（3）根据体育与健康课程的特点，开发利用课程内容资源，结合校情与学情，挖掘与学生日常生活密切相关的健康教育内容，精选体现地域特色，创编学生喜闻乐见的体育运动项目。

（二）问题和任务框架

本项目的问题与任务框架从本质问题、驱动问题、核心任务与问题链展开剖析后，依据问题链设计相应的任务群(图1、表1)。

1. 本质问题

本项目考虑到学校人多，运动场地有限，融入期望学生对民间传统体育文化的理解，即以"如何创设适用于较小面积场地的体育运动游戏"为本质问题展开设计。

2. 驱动问题

如何利用弄堂游戏的特征创作活动范围小，并能够让低年级的同学体验传统体育文化的运动游戏？

3. 核心任务

创作一个富有弄堂游戏特征的体育游戏，为低年级同学组织一场弄堂游戏运动会。

4. 问题链

为完成核心任务，解决驱动问题与本质问题，本项目设计以下子问题：
(1) 上海的弄堂游戏有哪些特征？
(2) 如何设计和改进弄堂游戏使其适合低年级同学体验？
(3) 如何组织并开展本次弄堂游戏运动会？

5. 任务群

依据项目的问题链设计，以核心任务为中心，设计任务群。本项目共分为启动项目提出问题、知识能力建构、公开成果、完善反思4个任务环节，在每一环节设计相应的活动。

PBL"中国心系列课程"的建构与实施

```
┌────────┐
│ 本质问题 │        如何创设适用于较小面积场地的体育运动游戏？
└────────┘   ─ ─ ─ ─ ─ ─ ─ ─ ─ ─ ─ ─ ─ ─ ─ ─ ─ ─ ─ ─ ─ ─ ─ ─
                                    ↓
┌────────┐  ┌──────────────────────────────────────────────────┐
│ 驱动问题 │  │ 如何利用弄堂游戏的特征创作活动范围小，并能够让低年级的同学们体验传统体育文化 │
└────────┘  │ 的运动游戏？                                      │
            └──────────────────────────────────────────────────┘
   ─ ─ ─ ─ ─ ─ ─ ─ ─ ─ ─ ─ ─ ─ ─ ─ ─ ─ ─ ─ ─ ─ ─ ─ ─ ─ ─ ─ ─
                                    ↓
```

问题链	子问题1：上海的弄堂游戏有哪些特征？ ➤ 怎样的游戏是弄堂游戏？ ➤ 弄堂游戏有哪些特征？ ➤ 弄堂游戏的特征与学校当下的体育活动有怎样的联系？	子问题2：如何设计和改进弄堂游戏使其适合低年级同学体验？ ➤ 低年级的同学适合哪些体育运动？ ➤ 这些体育运动怎样与弄堂游戏相结合？ ➤ 如何使用材料创设体育运动游戏？	子问题3：如何组织并开展本次弄堂游戏运动会？ ➤ 怎样制定新体育运动游戏的规则？ ➤ 如何规划体育运动会的场地？ ➤ 如何评价所创设的游戏是否适合低年级同学并让他们体验传统体育文化的要求？

图1 项目问题链

表1 项目任务群

弄堂游戏			
核心任务：创作一个富有弄堂游戏特征的体育游戏			
任务1：提出问题	任务2：知识能力建构	任务3：公开成果	任务4：完善反思
活动1：体验弄堂游戏（滚铁环、跳绳等） 活动2：学校体育活动与场地关系的大调查 活动3：明确项目任务（分析驱动问题，理解核心任务，制定游戏项目与标准）	活动1：了解弄堂游戏的特点 活动2：调查低年级学生的运动能力和喜好 活动3：制定与改进某个弄堂游戏 活动4：制定游戏规则并演示媒体	活动1：制定评价标准 活动2：布置活动场地并演练 活动3：举行弄堂游戏运动会	活动1：根据出现的情况，反思并改善游戏设计 活动2：思考如何改善和丰富学校的各类活动

三、项目目标

（1）通过体验、调查上海城市"弄堂游戏"的文化，感受传统体育运动的趣味性与特征，在了解当下校园场地与体育活动之间的联系后，发现"弄堂游戏"在其文化背后的运动优势；理解学习弄堂游戏创设体育游戏运动的意义，研讨并制定初步计划与相应标准。

（2）通过探究"弄堂游戏"的组成元素，在调查中了解低年级学生对于体育游戏运动的喜好与特征，寻找两者的契合处；在设计、制作中体会弄堂游戏对体育游戏运动的意义，为体育运动会做好准备。

（3）通过调查运动会的相关规则，制定所创设的富有"弄堂游戏"味道的体育游戏运动的规则，从器材使用、人员组织等多种维度自订合理的评价标准，在真实的体育游戏运动会中感受体育竞技的乐趣，形成依据标准客观判断的意识。

（4）通过依据标准的客观反思，学会复盘整个项目的各个环节，完善游戏的同时，回顾整个项目的学习经历，使得学习过程中的探究方式、设计思维能够迁移至更多的活动探究中。

四、项目过程

本项目依据启动项目提出问题、知识能力建构、公开成果、完善反思 4 个任务环节，设计项目实施过程。

（一）提出问题

学生分组逐一体验九子弄堂游戏，如打弹子、滚圈子、踢毽子、顶核子、造房子、拉扯铃子、刮片子、掼结子、抽陀子等，交流每一种游戏的游戏规则与特征。通过亲身的体验和网络调查发现这些弄堂游戏是祖辈们儿时在课间与放学时间玩的游戏，了解当时石库门楼道间隔小以及游玩内容少的文化背景，体会到传统弄堂游戏给当时的人们带来的欢乐。

随后，在调查学校体育运动的场地中发现，随着学生人数增多，人均占有体育运动的场地在逐渐减小，尤其是雨天的情况下。此外，在调查低年级同学课间游戏情况时，发现课间没有实质性的游戏内容，多以阅读以及庭院散步为主，没有抓住课间运动的良好时机。

在发现弄堂游戏的优势以及学校所需解决的问题后，提出"如何利用弄堂游戏的特征创作活动范围小，并能够让低年级的同学们体验传统体育文化的运动游戏"的问题，学生在跃跃欲试中明确项目任务，并根据任务制定学习计划。

（二）知识能力建构

学生按照学习计划，通过以聊天的方式访谈一年级弟弟妹妹了解他们在课间想玩的运动游戏、平时喜欢的运动等，同时采访专业的体育老师，了解学校低年级同学的运动能力情况。最终，达成共识：低年级弟弟妹妹非常热爱体育游戏运动，哪怕在雨天他们也喜欢踩水塘，因此设计弄堂游戏般的体育游戏运动一定能够吸引他们运动。然而，低年级的弟弟妹妹们体能与肢体技能有限，因此较为剧烈的运动以及会造成危险的器材不合适设计。

基于以上的共识，学生以小组为单位依据前期对九子游戏等弄堂游戏的体验和了解，再次深入地研究。在与爷爷奶奶的交谈中，学生发现当年的弄堂游戏中的奥妙，如打弹珠锻炼眼力与手指，打野鸭锻炼身体灵敏度等。随后，再根据体育老师对于低年级体育运动的详细描述，寻找两者的契合点。

最终，学生在合作中确定游戏主题，设计游戏规则，在比对体育运动要求中，选择器材，以视频、图纸、海报等方式描绘所创设的游戏及其规则，并在试玩中感受游戏与体育运动之间的联系。

（三）公开成果

"怎样的游戏既能够满足学校体育运动的需求又富有弄堂游戏的特征"是本阶段学校制定评价标准的准则。依据这个准则，学生从组织的合理性、运动的全面性、活动的趣味性、弄堂游戏的贴切性5个方面制定标准并在讨论中修改。随后，便依据标准开展了一个小型的弄堂游戏运动会。

运动会的体验者为一年级全体学生，每个小组委派一名成员到其他小组依据标准进行观察与客观评价。同时，给予评价的还有亲子体验的一年级学生，他们会用当场表达的方式表示对这个游戏的喜爱程度，以及玩这个运动游戏过程中身体各个部位的感受。以此方式，每一个运动游戏都得到了"观察者"与"体验者"的双向评价。

（四）完善反思

举办"弄堂游戏"小型运动会后，各小组开展反思研讨会，依据"观察者"留下的评价，"体验者"留下的感受，针对性地展开研讨。最后，将研讨的结果用于对"运动游戏"的完善，得到较为成熟的富有传统文化特征的体育小游戏。

与此同时，学生总结本次从体验、调查、设计、实践、反思等多维度展开的项目实践，反思自身在团队合作中在理解问题症结到用多种形式解决一个问题的过程，用这样的经历思考"学校整体活动该如何设计？"等问题，形成迁移的能力。

五、项目成效

从学生的项目成果"弄堂游戏"的运动会中，可见学生能够通过小组内的合作，建构传统体育文化、体育运动的特征、调查问题与需求、运动游戏的规则设计等知识与技能，并且能够基于需求建立标准进行成果的公布，完成本项目的核心任务，最终成果展示中显现主要目标达成度较高。

在项目反思阶段，许多学生纷纷表达了自己体育趣味与竞技感的形成，如"下一次的项目我想试着团队型游戏""也可以在体育游戏中融入时下一些有趣玩法，如解密、探秘等形式""居家的情况下，家庭游戏的需求也是非常高涨，家庭游戏不仅能促进运动还能增进与家人的交流"等。不难看出，学生们在探索"弄堂游戏"的过程中，对所见、所闻产生的共鸣，创新探索感便能够由内而外地产生。

六、项目反思

从本项目的实践，感受到学生在有兴趣的任务引领下的学习主动性的诞生，他们主动与爸爸、妈妈、爷爷、奶奶沟通，学习上海传统体育运动，并用趣味的方式将它传播给低年级的学弟学妹，体现文化传承。同样，对于一个活动性较强的项目来说，在平衡学科特征与活动特征之间也产生些许思考。

　　活动项目来源于学科并超越学科。在项目设计中，对于体育来说具有活动的多样性与丰富性特征。在学科本质方面，体育学科也更加注重对学生体能、技能、精神面貌的要求，而不限于一些活动内容。这便给予体育教师无限的可能性，为此在设计体育相关的项目时，若能基于学科的本质性需求，包含体能、技能、场地等，又能拓宽学生视野，如融入对传统体育文化认识的意识，这将对项目的设计形成不同的成效。当将"弄堂游戏"的体育运动文化，引入体育运动时，活动项目被赋予学科教育的意义，但又能够超越学科达到多元化、多能力培养性的成效。

参考文献

［1］中华人民共和国教育部.义务教育课程方案（2022年版）[M].北京：北京师范大学出版社.

［2］中华人民共和国教育部.义务教育语文课程标准（2022年版）[M].北京：北京师范大学出版社.

［3］中华人民共和国教育部.义务教育数学课程标准（2022年版）[M].北京：北京师范大学出版社.

［4］中华人民共和国教育部.义务教育科学课程标准（2022年版）[M].北京：北京师范大学出版社.

［5］中华人民共和国教育部.义务教育艺术课程标准（2022年版）[M].北京：北京师范大学出版社.

［6］中华人民共和国教育部.义务教育体育课程标准（2022年版）[M].北京：北京师范大学出版社.

［7］张悦颖,夏雪梅.跨学科的项目化学习："4＋1"课程实践手册[M].北京：教育科学出版社.

［8］夏雪梅.项目化学习设计：学习素养视角下的国际与本土实践[M].北京：教育科学出版社.

［9］拉尔夫·泰勒.课程与教学的基本原理[M].北京：中国轻工业出版社.

后 记

2016年，上海青浦区世外学校开办，开办之初，学校就已明确提出，"坚持党和国家的教育方针，落实'立德树人'根本任务，培养具有中国心、世界眼、未来脑、创新手、时代行的新时代学生的育人目标，聚力教育质量提升，构建'4＋1'课程模式，促进学生德智体美劳全面而有个性发展，进而为培养走向世界，与世界平视，并能与之相处的世界中国人贡献力量"。

如何把握"培养具有中国心、世界眼、未来脑、创新手、时代行的新时代学生"育人目标的主基调？如何通过课程建设实现学校育人目标？如何落实"4＋1"课程模式，培养学生核心素养是青浦世外面临的挑战，更是动力。

我们聚焦问题，组织学校中层干部、学科教研组长、骨干深入研读学校育人目标及内涵要义，对育人目标的内容赋予行为表征具体化的诠释，认识到培养"中国心"是所有目标的根和魂，所有学生必须在课程学习和实践体验中厚植爱国主义精神，胸怀中国心，才能够理性地观世界、创未来，行走于时代的前端，成为有理想、有本领、有担当的德智体美劳全面发展的社会主义建设者与接班人。

与此同时，聚焦"中国心"培育进行分年段层次化的描述，厘清各年段学生素养发展内容，制定"4＋1"课程模式实施方案，探索学科融合实践路径。我们一致认为培育"中国心"主题教育、日常的行为规范教育、节庆文化教育等载体是主渠道，而基于学科课程学习的课堂教学是主阵地。为此，怎样挖掘学科教材中蕴含中华优秀传统文化内涵为教学内容，形成项目化学习主题，让学生产生深入学习的驱动力,如何在项目化主题学习探索中培育相关素养,成为我们攻克的难题。

我们以"4+1"课程模式的实施为载体,采用4天学科教学与1天主题探究式教学,以项目式学习方式进行"中国心系列课程"的重构与迭代,融合语文、数学、自然科学、美术、音乐、劳技等各个学科,采用教师包班制,开展基于某一主题的探究式学习,弘扬社会主义先进文化、革命文化与中华传统文化,形成正向的情感态度价值观。

于是,我们就有了第一次尝试。数学教研组挖掘每个年级与中华传统文化相关的内容,与学校项目式教学核心组开展项目式学习的设计,形成《古今数学课程》,引导一至五年级学生分别对货币、称重、算筹、规与矩、《九章算术》展开为期两周(2个整天)的深入探索。到课程尾声阶段,我们惊喜地发现,学生对中国传统文化的热爱、对中华民族的敬重是发自内心的情感迸发,他们敬佩中华先辈们的创造,敬重先辈们为祖国文明发展留下的璀璨印记,并立志要为后世的中华子孙贡献自身的绵薄之力。在问题驱动、知识与能力建构、公开成果、反思迁移的过程中,学生的沟通、合作、创新、表达、思辨等各方面素养得到高效提升。

总结第一次的成功尝试,我们建构了"中国心系列课程"开发的基本模式,优化了课程实施的有效路径。紧随其后,语文、自然科学、体育、艺术(音乐、戏剧、美术)学科也相继尝试并收获惊喜。"中国心系列课程"也在实践中不断完善和发展,引领学校内涵发展,促进学生全面而有个性成长。

长达一年多课程实践与探索,让我们坚定了"中国心"的培育目标,同样也让校本课程成为学校特色发展、学生个性发展的原动力。更为可贵的是,教师围绕项目化主题开展学科融合教研,聚焦实践中的问题进行研究探讨,并通过经验反思、案例撰写,乃至是其间发生的一个个教育故事都作以精心的梳理、提炼与总结,并以书稿的形式呈现出来。本书既是将"中国心系列课程"的起源、建构以及丰富的案例经验进行汇编,成为后期研究可鉴性的成果,也是在总结的基础上表达对更高目标的渴望和追求,希望中国学子能够怀揣真挚的爱国之心,理解优秀的传统文化,拥有传承精神,并在时代中赋予更高的创新,创造更好的未来。

在此，特别感谢为"中国心系列课程"提供鼎力支持的上海世外教育集团总裁、青浦世外总校长徐俭先生，感谢全程参与课程设计与案例汇编的学校教导处、科研室、项目式学习核心小组与各学科教研组。

新时代教育背景下，学校将以全国教育部重点课题《"五育融合"视野下拔尖创新人才早期培养路径的实践与研究》为新起点，落实"双减"工作，遵循"双新"课改要求，不断寻求新的突破、超越更高的目标，培育时代新人。

沈建英

2023 年 9 月